A luta pelo Direito

O GEN | Grupo Editorial Nacional – maior plataforma editorial brasileira no segmento científico, técnico e profissional – publica conteúdos nas áreas de concursos, ciências jurídicas, humanas, exatas, da saúde e sociais aplicadas, além de prover serviços direcionados à educação continuada.

As editoras que integram o GEN, das mais respeitadas no mercado editorial, construíram catálogos inigualáveis, com obras decisivas para a formação acadêmica e o aperfeiçoamento de várias gerações de profissionais e estudantes, tendo se tornado sinônimo de qualidade e seriedade.

A missão do GEN e dos núcleos de conteúdo que o compõem é prover a melhor informação científica e distribuí-la de maneira flexível e conveniente, a preços justos, gerando benefícios e servindo a autores, docentes, livreiros, funcionários, colaboradores e acionistas.

Nosso comportamento ético incondicional e nossa responsabilidade social e ambiental são reforçados pela natureza educacional de nossa atividade e dão sustentabilidade ao crescimento contínuo e à rentabilidade do grupo.

FORA DE SÉRIE

Rudolf Von Ihering

A luta pelo Direito

TRADUÇÃO
JOÃO DE VASCONCELOS

ESTUDO INTRODUTÓRIO
ALEXANDRE TRAVESSONI GOMES TRIVISONNO

25ª EDIÇÃO

■ A EDITORA FORENSE se responsabiliza pelos vícios do produto no que concerne à sua edição (impressão e apresentação a fim de possibilitar ao consumidor bem manuseá-lo e lê-lo). Nem a editora nem o autor assumem qualquer responsabilidade por eventuais danos ou perdas a pessoa ou bens, decorrentes do uso da presente obra.

Todos os direitos reservados. Nos termos da Lei que resguarda os direitos autorais, é proibida a reprodução total ou parcial de qualquer forma ou por qualquer meio, eletrônico ou mecânico, inclusive através de processos xerográficos, fotocópia e gravação, sem permissão por escrito do autor e do editor.

Impresso no Brasil – *Printed in Brazil*

■ Direitos exclusivos para o Brasil na língua portuguesa
Copyright © 2017 by

EDITORA FORENSE LTDA.
Uma editora integrante do GEN | Grupo Editorial Nacional
Travessa do Ouvidor, 11 – Térreo e 6º andar – 20040-040 – Rio de Janeiro – RJ
Tel.: (21) 3543-0770 – Fax: (21) 3543-0896
faleconosco@grupogen.com.br | www.grupogen.com.br

■ O titular cuja obra seja fraudulentamente reproduzida, divulgada ou de qualquer forma utilizada poderá requerer a apreensão dos exemplares reproduzidos ou a suspensão da divulgação, sem prejuízo da indenização cabível (art. 102 da Lei n. 9.610, de 19.02.1998). Quem vender, expuser à venda, ocultar, adquirir, distribuir, tiver em depósito ou utilizar obra ou fonograma reproduzidos com fraude, com a finalidade de vender, obter ganho, vantagem, proveito, lucro direto ou indireto, para si ou para outrem, será solidariamente responsável com o contrafator, nos termos dos artigos precedentes, respondendo como contrafatores o importador e o distribuidor em caso de reprodução no exterior (art. 104 da Lei n. 9.610/98).

■ Traduzido de: Der Kampf ums Recht

■ Capa: Danilo Oliveira

■ Fechamento desta edição: 19.04.2017

6ª edição – 1967
25ª edição – 2017
Tradução
João de Vasconcelos

■ **CIP – Brasil. Catalogação-na-fonte.**
Sindicato Nacional dos Editores de Livros, RJ.

J56L

Jhering, Rudolf von, 1818-1892
A luta pelo direito / Rudolf von Jhering. – 25. ed. – Rio de Janeiro : Forense, 2017.
(Fora de série)

ISBN: 978-85-309-7624-8

1. Direito - Filosofia. I. Título II. Série.
17-41193   CDU: 340.1

APRESENTAÇÃO DA EDITORA

O Grupo Editorial Nacional – Editora Forense tem a honra de apresentar a série "Fora de série", que tem por objetivo disponibilizar ao leitor livros fundamentais para a formação do pensamento contemporâneo com uma roupagem moderna e um projeto gráfico diferenciado.

A "Fora de série" traz desde grandes clássicos da antiguidade até importantes pensadores da atualidade, reunindo sob um mesmo selo textos essenciais às Ciências Sociais e Sociais Aplicadas.

As obras selecionadas são parte da base do conhecimento na área de humanidades, sendo leitura indispensável para disciplinas propedêuticas nas Ciências Humanas.

Com um *layout* inovador, a série demonstra e enfatiza que seu conteúdo, mesmo com o passar do tempo, continua vivo e atual.

Boa leitura!

SUMÁRIO

Estudo introdutório (*Alexandre Travessoni Gomes Trivisonno*) IX

Prefácio do autor 1

1 – Introdução.. 11

2 – A luta pelo direito é um dever do interessado para consigo próprio.. 25

3 – A defesa do direito é um dever para com a sociedade 45

Edições anteriores

6ª edição – 1967
7ª edição – 1990
8ª edição – 1990
9ª edição – 1991
10ª edição – 1992
11ª edição – 1992
12ª edição – 1992
13ª edição – 1993
14ª edição – 1994
15ª edição – 1995
16ª edição – 1996
16ª edição – 1997 – 2ª tiragem
16ª edição – 1997 – 3ª tiragem
16ª edição – 1998 – 4ª tiragem
17ª edição – 1999
17ª edição – 1999 – 2ª tiragem
18ª edição – 2000
19ª edição – 2000
20ª edição – 2001
21ª edição – 2002
22ª edição – 2003
23ª edição – 2004
23ª edição – 2004 – 2ª tiragem
23ª edição – 2006 – 3ª tiragem
23ª edição – 2007 – 4ª tiragem
23ª edição – 2009 – 5ª tiragem
24ª edição – 2011
25ª edição – 2017

ESTUDO INTRODUTÓRIO

Ihering e *A Luta Pelo Direito*

Por Alexandre Travessoni Gomes Trivisonno

1
A luta pelo Direito no contexto da contribuição de Ihering para o desenvolvimento do conhecimento do direito

Rudolf von Ihering (1818-1892) é um dos mais importantes, se não o mais importante teórico do direito de língua alemã do século XIX. Ele contribuiu, em sua análise científica do direito, para o aprimoramento de conceitos e institutos importantes do direito em geral, como o direito subjetivo,[1] e do direito privado, por exemplo, a posse.[2]

---

[1] Ihering aborda o conceito de direito subjetivo na obra *Espírito do Direito Romano*, em que critica teorias então existentes, como a teoria de Windscheid (teoria da vontade), e afirma que o direito subjetivo tem um elemento material, o interesse, e outro formal, a garantia jurídica, que se expressa por meio do direito de ação (Cf. R. v. Ihering, Geist des römischen Rechts, Teil 3, Leipzig: Druck und Verlag von Breitkopf und Härtel, p. 307-342).

[2] Ihering desenvolveu sua teoria sobre a posse na obra *Contribuições à Doutrina da Posse* (cf. R. v. Ihering, Beiträge zur Lehre vom Besitz, in: *Jahrbücher für die Dogmatik des heutigen römischen und deutschen Privatrechts*, Jena: Mauke, 1868.

Devido à natureza da obra que se prefacia, interessa-nos aqui menos as contribuições de Ihering para o desenvolvimento de institutos jurídicos particulares e mais sua contribuição para o desenvolvimento do estudo geral do direito.

Segundo Karl Larenz, que, na parte histórica de sua *Metodologia da Ciência do Direito*, realizou um apanhado das principais concepções teóricas do direito produzidas em língua alemã nos séculos XIX e XX, Ihering pode ser considerado, ao Lado de Savigny, o pensador mais importante para a evolução da metodologia da ciência do direito [na Alemanha].[3] Ainda segundo Larenz, bem como segundo outros autores como Somek[4] e Mecke,[5] a obra de Ihering pode ser dividida em duas fases. Na primeira ele teria se filiado à denominada Jurisprudência dos Conceitos, enquanto na segunda ele teria, no dizer de Larenz, migrado para uma jurisprudência pragmática ou sociológica.[6]

A primeira fase da obra de Ihering compreende ser função da ciência do direito desmembrar os institutos jurídicos em seus elementos lógicos, combinando-os para se chegar tanto às normas jurídicas já existentes quanto a novas normas.[7] Na segunda fase, que começa em 1861, com a publicação, de forma anônima, do

---

Bd. 9, p. 1-196), republicado como *Sobre o Fundamento da Proteção Possessória* (cf. R. v. Ihering, Über den Grund des Besitzschutzes, Jena: Mauke, 1869). Ao contrário de Savigny, cuja teoria é geralmente considerada "subjetivista" por aliar ao elemento externo (posse da coisa) a vontade de proprietário (*animus domini*), Ihering defende que o essencial, no caso da posse, é o elemento externo.

[3]   Cf. K. Larenz, *Methodenlehre der Rechtswissenschaft*, 6. Auflage, Berlin/Heidelberg: Springer, 1991, p. 24.

[4]   A. Somek, Legal Formality and Freedom of Choice. A Moral Perspective on Ihering's Constructivism. *Ratio Juris*, 15, 1, 2002, p. 52-62.

[5]   Mecke, Christoph-Eric, Objektivität in Recht und Rechtswissenschaft bei G. F. Puchta und R. v. Ihering, in: *ARSP*, 94, 2, 2008, p. 147-168, p. 157.

[6]   K. Larenz, *Methodenlehre der Rechtswissenschaft*, p. 24-28; 43-49. Alguns autores, como Somek, embora reconhecendo a existência de duas fases na obra de Ihering, tentam ressaltar uma continuidade entre elas (cf. A. Somek, Legal Formality and Freedom of Choice. A Moral Perspective on Ihering's Constructivism. *Ratio Juris*, 15, 1, 2002 p. 52 ss.).

[7]   K. Larenz, *Methodenlehre der Rechtswissenschaft*, p. 27.

Estudo introdutório | **XI**

escrito *Sobre a Jurisprudência Atual*,[8] Ihering torna-se um severo crítico da Jurisprudência dos Conceitos, da qual fora partidário. Os elementos fundamentais do novo pensamento de Ihering começam a aparecer, segundo Larenz, já no 4º volume de *Espírito do Direito Romano (1864)*,[9] e continuam a ser abordados em *A Finalidade do Direito*, cujo primeiro volume é de 1877. Nessa nova fase, Ihering passa a defender que os conceitos jurídicos se transformam, e que a ciência do direito tem de se preocupar menos com o encadeamento lógico das proposições jurídicas e mais com as razões psicológicas, históricas e éticas dessas proposições.[10]

Mesmo nessa segunda fase, mais aberta a elementos sociológicos e históricos que influenciam o direito, Ihering não abandona a ideia do monopólio estatal do direito e do direito como ordem coercitiva. Embora reconheça que o legislador não é o principal ator jurídico, uma vez que os fins do direito são fins dos indivíduos que compõem a sociedade, Ihering atribui ao Estado o monopólio da produção do direito e do uso da força, como veremos abaixo.[11]

Como se situa *A Luta pelo Direito* no contexto geral da obra de Ihering? Ela apareceu originalmente, como ressalta o próprio Ihreing em seu prefácio, em conferência proferida em 1872, na Sociedade Jurídica de Viena, tendo sido então publicada, no mesmo ano, ainda segundo informação do próprio Ihering, "consideravelmente desenvolvida". O prefácio e algumas modificações foram adicionados em 1888.[12]

O simples fato de a obra ter sido produzida depois de 1861 já significa que *A Luta pelo Direito* pertence ao período pragmático ou sociológico da obra de Ihering. A leitura da obra e a

---

[8] Über die heutigen Jurisprudenz, publicado anonimamente no em 1861, e republicado, em 1884, em *Scherz und Ernst in der Jurisprudenz*.

[9] Cf. R. v. Ihering, *Geist des römischen Rechts*, dritter Teil, erste Abteilung, Leipzig: Druck und Verlag von Breitkopf und Härtel.

[10] K. Larenz, *Methodenlehre der Rechtswissenschaft*, p. 43 ss.

[11] Cf. R. v. Ihering, *Der Zweck im Recht*, erster Band, Leipzig: Druck und Verlag von Breitkopf und Härtel, 1877; zweiter Band, 1883.

[12] R. v. Ihering, *A Luta pelo Direito*, neste volume, p. 1.

constatação de que, nela, Ihering frequentemente se refere à ideia de forças sociais por trás do direito, reforçam esse diagnóstico, pois ela não parece compatível com a concepção, defendida pelo primeiro Ihering, de uma Jurisprudência dos Conceitos cuja tarefa é decompor os conceitos jurídicos e combiná-los, descobrindo até mesmo novos conceitos, antes inexistentes. A ideia de forças sociais que justificam o direito é, antes, mais coerente com uma jurisprudência sociológica, que vê o direito como fruto da luta de interesses sociais, muitas vezes opostos.

Em *A Luta pelo Direito*, a força social por trás do direito é explorada no plano de uma teoria que extrapola não só os limites da ciência do direito, mas da própria filosofia do direito, localizando-se, assim, no plano da filosofia moral. Aliás, o próprio Ihering ressalta que *A Luta pelo Direito* não contém uma tese de "pura teoria jurídica", mas sim de "moral prática",[13] e isso porque, ainda segundo ele, seu objetivo foi menos generalizar o conhecimento científico do direito e mais despertar nos espíritos uma disposição moral, "a manifestação corajosa e firme do sentimento jurídico".[14]

O que significa isso? Ora, isso significa que a tese central de *A Luta pelo Direito*, que, como veremos, consiste na ideia de que a lesão ao direito que significa um rebaixamento da personalidade de seu titular deve ser combatida, não se enquadra no plano dogmático da ciência do direito nem no plano crítico da filosofia do direito, mas antes no âmbito da filosofia moral aplicada.

Do estudo do direito como direito, seja ele realizado pela ciência ou pela filosofia do direito, não se pode extrair qual é o "sentimento jurídico" que justifica lutar por ele. A ciência do direito toma o direito positivo como válido[15] a fim de, interpretando-o, encontrar soluções práticas para problemas concretos.

---

[13] R. v. Ihering, *A Luta pelo Direito*, neste volume, p. 1.

[14] R. v. Ihering, *A Luta pelo Direito*, neste volume, p. 1.

[15] A ideia de que a ciência do direito considera o direito positivo válido, que era estranha à concepção científica jusnaturalista, mas é hoje amplamente difundida, já tinha começado a se popularizar na Alemanha na época de Ihering.

Nesse sentido ela é dogmática.[16] *A Luta pelo Direito* não se situa nesse plano. Claramente ela não constitui uma interpretação do direito positivo válido à época de Ihering, com fim de encontrar soluções para problemas práticos.

Por outro lado, a filosofia do direito, apesar de ser crítica, indo além da validade do direito positivo, debruça-se sobre o direito pela via de seu conhecimento científico para, com base neste, compreender o fenômeno jurídico em seu caráter universal,[17] ora dando ênfase à dimensão real do direito, como acontece com as teorias positivistas, ora dando ênfase à dimensão ideal do direito, como acontece com as não-positivistas.[18] É certo que, a fim de alcançar essa compreensão do fenômeno jurídico, a filosofia do direito se ocupa da relação entre o direito e a moral. Mas isso não significa, em nosso entendimento, que ela adentra o terreno da própria filosofia moral, investigando razões de ordem antropológica que justificam o cumprimento do direito.

À filosofia moral cumpre investigar as razões mais gerais do agir humano, qualquer que seja seu objeto. Ora, uma vez que,

---

[16] Sobre o conceito de dogmática jurídica, cf. R. Alexy. *Theorie der juristischen Argumentation*, Frankfurt a. M: Suhrkamp, 1991, p. 307-334.

[17] A relação entre ciência e filosofia do direito se expressa de forma clara na terra de Ihering, a Alemanha, onde, não por acaso, o estudo universitário da filosofia do direito está, com raras exceções, ligado ao estudo de uma disciplina dogmática.

[18] A respeito da dualidade positivismo e não-positivismo jurídicos, cf. R. Alexy. Zur Kritik des Rechtspositivismus. *Rechtspositivismus und Wertbezug des Rechts. Vorträge der Tagung der deutschen Sektion der internationalen Verein für Rechts- und Sozialphilosophie (IVR) in der Bundesrepublik Deutschland, Göttingen, 12-14. Oktober 1988*, R. dreier (org.), Stuttgart: Franz Steiner, 1990, p. 9-26 (versão em português: Crítica ao positivismo jurídico, in: R. Alexy. *Teoria Discursiva do Direito*. A. T. G. Trivisonno [org. e trad.], Rio de Janeiro: Forense Universitária, 2015, p. 241-269); R. Alexy, Zur Verteidigung eines Nichtpositivistisches Rechtsbegriffs. Öffentliche oder private Moral? Festschrift für Ernesto Garzón Valdez, Berlin: Duncker & Humblot, 1992, p. 85-108 (versão em português: Defesa de um conceito de direito não positivista, in: R. Alexy, *Teoria Discursiva do Direito*, A. T. G. Trivisonno [org. e trad.], Rio de Janeiro: Forense Universitária, 2015, p. 271-300); R. Alexy, The Dual Nature of Law. *Ratio Juris*, 23, 2, 2010, p. 167-182 (versão em português: A dupla natureza do direito, in: R. Alexy, *Teoria Discursiva do Direito*, A. T. G. Trivisonno [org. e trad.], Rio de Janeiro: Forense Universitária, 2015, p. 301-321).

no caso de *A Luta pelo Direito*, trata-se não da investigação pura do agir humano, mas, antes, da aplicação de princípios morais ao caso específico do direito, ou, em outros termos, da conduta humana regulamentada pelo direito, pode Ihering afirmar que a obra de fato se situa no plano da "moral prática", o que, em nosso entendimento, significa que ela se encontra no âmbito da filosofia moral aplicada.

Isso não significa, porém, que *A Luta pelo Direito* não contenha teses de ciência e de filosofia do direito, nem que a tese central de filosofia moral nela contida não se relacione a ou se apoie em algumas dessas teses jurídicas. Pelo contrário, a obra contém numerosas teses jurídicas, sejam elas científicas ou filosóficas e, em alguns casos, sociológicas e históricas, e muitas vezes há nítidas conexões entre a tese moral central e algumas teses propriamente jurídicas,[19] podendo até mesmo se dizer, em nosso entendimento, que a tese moral central da obra se apoia em uma concepção de direito que revela a adesão de Ihering a uma determinada postura jusfilosófica: o coativismo.

Ao tratar de um autor da grandeza e complexidade de Ihering, tentar resumir exaustivamente as teses da obra estudada seria já complicado. No caso de *A Luta pelo Direito* isso é ainda mais desaconselhável, sobretudo em virtude da clareza e simplicidade com que o próprio autor expõe suas ideias. Assim, em vez de tentar resumir as principais teses da obra, procurar-se-á, a seguir, formular de forma clara sua tese central, ressaltando seus principais elementos, e as teses secundárias nas quais esses elementos se apoiam. No final, será destacada a relação entre a tese moral central de *A Luta pelo Direito* e a compreensão jusfilosófica coativista de Ihering sobre o direito.

---

19   Ihering não se filia claramente a uma corrente filosófica fundamental. Isso não quer, porém, dizer que não professe ideias filosóficas. Pelo contrário, em suas obras encontram-se teses filosóficas não só diversas, como, às vezes, incompatíveis entre si. Se, por um lado, essa despreocupação com a coerência filosófica rendeu a Ihering inúmeras críticas, por outro lado ela inegavelmente aumenta o arsenal filosófico que ele pode utilizar.

2
A tese central de *A Luta pelo Direito*

A tese central de *A Luta pelo Direito*, como adiantado acima, é a de que lutar pelo direito, sobretudo em determinadas circunstâncias, é um dever moral da pessoa. Ao lado dessa tese central, Ihering apresenta teses correlatas, algumas com finalidade de reforçá-la, outras com a finalidade de ilustrar sua utilidade.

Em que exatamente consiste essa tese? A nosso ver, a luta pelo direito defendida por Ihering constitui (i) um dever moral da pessoa para consigo mesma (ii) bem como para com a sociedade (iii) de lutar, através dos meios coativos do Estado, pela satisfação de um direito subjetivo (iv) todas as vezes em que a lesão ao direito representar também um ataque à própria personalidade do titular do direito, (v) independentemente do valor pecuniário correspondente à lesão do direito. Vejamos cada um desses elementos mais detalhadamente.

Ihering afirma que lutar pelo direito é um dever do interessado para consigo e para com a sociedade.[20] A distinção dos deveres, no plano da moral, em deveres para consigo e deveres para com os outros era uma distinção habitual na Alemanha dos séculos XVIII e XIX. Ela já havia aparecido na obra de vários filósofos, dentre eles Immanuel Kant, que na *Fundamentação da Metafísica dos Costumes*, publicada em 1785, após apresentar as duas primeiras fórmulas do imperativo categórico, a fórmula da lei universal e a fórmula da lei da natureza,[21] enumera alguns deveres "segundo a divisão habitual em deveres para conosco mesmos e deveres para com os outros",[22] e, depois disso, na *Doutrina da Virtude*, apresenta a mesma classificação.[23] Assim, a

---

[20] R. v. Ihering, *A Luta pelo Direito*, neste volume, p. 20.

[21] I. Kant, Grundlegung Zur Metaphysik der Sitten. *Kants Werke* – Akademie Textausgabe, Bd. IV, Berlin: De Gruyter, 1968, p. 385-464, p. 421. Cf. H. J. Paton, *The Categorical Imperative – A Study in Kant's Moral Philosophy*, Philadelphia: University of Pennsylvania Press, 1971, p. 129 ss.

[22] I. Kant, *Grundlegung Zur Metaphysik der Sitten*, p. 421.

[23] Cf. I. Kant, Die Tugendlehre. Die Metaphysik der Sitten. *Kants Werke* – Akademie Textausgabe, Bd. VI, Berlin: De Gruyter, 1968, p. 375-491. A classificação

consideração, por parte de Ihering, do dever de lutar pelo direito tanto como um dever próprio quanto como um dever para com a sociedade corresponde a uma tendência de sua época.

(i) *Dever para consigo próprio.* Para explicar a razão da existência do dever para consigo mesmo de lutar pelo direito, Ihering adota uma posição naturalista: o instinto de conservação, que se manifesta tanto no caso da vida física, quanto da vida moral. No seu direito, o homem defende a condição de sua existência moral, afirma Ihering.[24] Assim, lutar pela satisfação do direito constitui um dever da pessoa para consigo mesma, e não mero interesse, seja ele pecuniário ou de outra natureza.

Ihering não nega que o interesse leve, em muitos casos, o indivíduo a lutar por seu direito.[25] O que defende é que mesmo quando ausente o interesse, deve a pessoa lutar por seu direito a fim de satisfazer aquilo que denomina "sentimento jurídico".[26] A lesão ao sentimento jurídico gera uma dor moral, semelhante à dor sofrida em caso de lesão física,[27] levando assim a pessoa a se preservar contra o ataque.

(ii) *Dever para com a sociedade.* Além de constituir um dever da pessoa para consigo, lutar pelo direito constitui, na visão de Ihering, um dever da pessoa para com a sociedade ou, podemos dizer, para com os outros. Ihering fundamenta esse dever social com o argumento de que fugir dessa luta, o que ele considera um ato de covardia, faria com que toda a sociedade perdesse a batalha pela satisfação do direito.[28] E por que isso? Ihering recorre a uma comparação com um campo de batalha para responder a

---

apresentada por Kant na *Doutrina da Virtude* é citada, no prefácio de *A Luta pelo Direito*, por Ihering, que afirma só tê-la conhecido após a publicação do seu trabalho. (cf. R. v. Ihering, *A Luta pelo Direito*, neste volume, p. IX).

24 R. v. Ihering, *A Luta pelo Direito*, neste volume, p. 20.

25 Aliás, o próprio Ihering afirma que o primeiro móbil para lutar pelo direito costuma ser o "motivo inferior", o cálculo de interesse, passa pelo motivo ideal de defender a personalidade, para no final atingir a luta pela justiça (cf. R. v. Ihering, *A Luta pelo Direito*, neste volume, p. 65).

26 R. v. Ihering, *A Luta pelo Direito*, neste volume, p. 28.

27 R. v. Ihering, *A Luta pelo Direito*, neste volume, p. 31.

28 R. v. Ihering, *A Luta pelo Direito*, neste volume, p. 47.

essa pergunta: quando mil homens devem combater, o desaparecimento de um pode passar desapercebido, mas o desaparecimento de cem será sentido, e enfraquecerá a posição dos demais combatentes.[29] Por isso, segundo Ihering, quem defende o seu direito defende todo o direito,[30] e o abandono generalizado da luta pelo direito significaria a sua ruína.[31]

O argumento de Ihering em defesa do dever social de lutar pelo direito pode ser comparado aos argumentos apresentados por Kant, na *Metafísica dos Costumes*, em defesa de sua Doutrina do Direito: a máxima de abandonar a luta pelo direito não pode ser universalizada sem contradição, porque representaria, em termos kantianos, a própria negação do direito em sentido universal.[32]

(iii) *A luta pela satisfação de um direito subjetivo através dos meios coativos do Estado*. Embora reconheça que existam resistências tanto ao direito objetivo, entendido como "conjunto de princípios jurídicos aplicados pelo Estado à ordem legal da vida", quanto ao direito subjetivo, entendido como "transfusão da regra abstrata no direito concreto da pessoa interessada",[33] Ihering afirma que *A Luta pelo Direito* se ocupa desta em sentido subjetivo.[34] Mas o que significa luta? Por acaso significaria uso da força física por parte próprio interessado cujo direito foi lesado? A resposta a essa pergunta é negativa, embora Ihering constate que em determinados momentos da história, como, por exemplo, no direito romano primitivo, aos particulares cabia a defesa do próprio direito. A leitura de *A Luta pelo Direito* deixa claro que Ihering advoga que o interessado mova o aparelho coativo do Estado, sobretudo o judiciário, a fim de garantir a satisfação do seu direito. Voltaremos a essa característica abaixo, quando a

---

[29]   R. v. Ihering, *A Luta pelo Direito*, neste volume, p. 47.

[30]   R. v. Ihering, *A Luta pelo Direito*, neste volume, p. 47.

[31]   R. v. Ihering, *A Luta pelo Direito*, neste volume, p. 30.

[32]   Cf. I. Kant, Die Rechtslehre. Die Metaphysik der Sitten. *Kants Werke* – Akademie Textausgabe, Bd. VI, Berlin: De Gruyter, 1968, p. 236-372.

[33]   R. v. Ihering, *A Luta pelo Direito*, neste volume, p. 13.

[34]   R. v. Ihering, *A Luta pelo Direito*, neste volume, p. 13.

XVIII | A luta pelo Direito • *Rudolf Von Ihering*

conexão entre *A Luta pelo Direito* e o coativismo de Ihering será explorada.

(iv) *Nem toda lesão, mas todas as vezes em que a lesão ao direito representar também um ataque à própria personalidade do titular do direito.* Esse elemento é anunciado já no prefácio da obra. Nem sempre lutar por seu direito constitui um dever, mas apenas quando a lesão ao direito constituir também um desprezo pela própria personalidade de seu titular.[35] Isso significa, nas palavras do próprio Ihering, que *A Luta pelo Direito* não incentiva a discórdia e o demandismo, pois, segundo ele, "a condescendência, a resignação, a suavidade e o amor da paz, a transigência e até a renúncia a fazer valer o direito de qualquer, encontram também, [em seu] trabalho, o lugar que lhes pertence".[36] Mas quando exatamente uma violação a um direito constitui um desprezo à pessoa? Segundo o autor, nos casos em que aquele que lesa age de forma malévola, intencional, sabedor de que comete uma injustiça. Por isso é que, segundo Ihering, o direito precisa diferenciar uma injustiça intencional, subjetiva ou criminosa, de uma injustiça não intencional, objetiva ou não criminosa.[37] Somente no caso da primeira é dever da pessoa lesada lutar por seu direito.

Aqui podemos, novamente, recorrer a Kant para explicar as razões de Ihering: aquele que viola não intencionalmente o direito de alguém se engana, erra, mas não trata o outro como mero meio,[38] como faz alguém que, de forma intencional se apropria do direito de outrem para se beneficiar.

(v) *A luta independe do valor pecuniário em questão.* Lutar por seu direito quando a lesão constitui um desprezo à personalidade de seu titular constitui um dever que independe de cálculo de inte-

---

35   R. v. Ihering, *A Luta pelo Direito*, neste volume, p. 3.

36   R. v. Ihering, *A Luta pelo Direito*, neste volume, p. 3.

37   R. v. Ihering, *A Luta pelo Direito*, neste volume, p. 31, 67, 69 e 75.

38   A ideia de evitar tratar o outro e a si próprio somente como meio aparece na fórmula da humanidade, apresentada por Kant na *Fundamentação* (cf. I. Kant, *Grundlegung Zur Metaphysik der Sitten*, p. 429).

resse.[39] Assim, nas próprias palavras do jurista alemão, apoiando-se em Schimiede, não interessa se "o objeto do litígio seja um cêntimo ou cem francos".[40] Por que motivo defende Ihering essa tese? A razão é clara: ele entende que a tolerância com injustiças cuja expressão pecuniária seja insignificante acabaria necessariamente levando à prática de injustiças maiores. É preciso ressaltar, porém, que, ao rechaçar a consideração do valor monetário do objeto do direito lesado como critério a ser considerado quando da decisão de se lutar ou não pelo direito, Ihering tem em mente o direito privado, e não o direito penal. Assim, o hoje denominado princípio da insignificância, que vem sendo aplicado em matéria penal no Brasil, não guarda relação com a temática abordada por Ihering.

3

A Luta pelo Direito e o coativismo de Ihering

Embora *A Luta pelo Direito* contenha uma tese central de filosofia moral aplicada, ela se apoia em determinada concepção de direito, defendida por seu autor. Se, por um lado, essa concepção não foi analiticamente descrita na referida obra, por outro lado ela se encontra presente lá, de forma indireta.

De fato, só faz sentido defender a luta pelo direito se ela for meio eficaz para se assegurar direitos. Mas será que ela realmente o é?

Para responder a essa pergunta é preciso inicialmente lembrar que essa luta pelo direito não constitui, como vimos, a aplicação da força diretamente pelo particular. No passado foi assim, como reconhece o próprio Ihering, mas a humanidade evoluiu para a concentração do uso da força pelo aparato do Estado.

Em tempos modernos, o Estado centraliza o uso da força, e lutar por seu direito significa mover o aparato coativo do Estado, pela via do direito de ação. Ora, a tese jurídica por trás da tese de filosofia moral central de *A Luta pelo Direito* é exatamente a

---

[39]   R. v. Ihering, *A Luta pelo Direito*, neste volume, p. 21 s., 59.

[40]   R. v. Ihering, *A Luta pelo Direito*, neste volume, p. 3.

de que mover uma ação só é eficaz em termos de defesa de um direito porque o Estado pode coagir o devedor.

Em *A Luta pelo Direito*, Ihering não apresenta uma análise detalhada do fenômeno da coação, o que só viria a fazer mais tarde, em *A Finalidade do Direito*. Nessa obra, Ihering ressalta que o Estado e o direito nada mais são que a organização social da coação.[41] Isso não significa que, para o autor, o direito e o Estado se limitem ao uso da força. Ele próprio declara expressamente que não, e que o objetivo fundamental do Estado é assegurar direitos. Mas o uso da força é essencial ao direito e ao Estado, e, por isso, Ihering pode definir o direito como conjunto de normas coercitivas vigentes em determinado Estado, bem como afirmar que o Estado é a única fonte da coerção.[42]

Essa constatação do caráter coativo do direito sem, contudo, desconhecer que o direito serve a certos fins merece destaque, pois a coerção, como fenômeno essencial do direito, trilha um caminho pendular na história das ideias jurídicas. Em determinados momentos ela é ressaltada como essencial para conferir eficácia ao direito, enquanto em outros ela é criticada como restrição da liberdade humana.

A solução para o problema da coerção no direito parece de fato ser reconhecer sua importância como instrumento de efetivação do direito, mas não como finalidade do direito. A teoria de Ihering caminha nesse sentido. Ela advoga, com outras palavras, uma posição que já havia sido defendida por Kant, que afirma, na *Doutrina do Direito*, que direito e faculdade de coagir significam a mesma coisa, mas ressalta que a coerção que é contra um certo uso da liberdade, quando viola a liberdade mediante leis universais, é contra esta última e por isso ilegítima.[43]

O caráter coercitivo do direito garante, portanto, a eficácia da luta por sua efetivação. E embora essa ideia não apareça de forma clara em *A Luta pelo Direito*, ela aparece de forma indire-

---

[41]   R. v. Ihering, *Der Zweck im Recht*, erster Band, p. 327 ss.

[42]   R. v. Ihering, *Der Zweck im Recht*, zweiter Band, p. 340 ss.

[43]   I. Kant, *Die Rechtslehre. Die Metaphysik der Sitten*, p. 231.

ta, e, pode até mesmo se dizer, poética, quando Ihering, logo no início da obra, afirma:

> A paz é o fim que o direito tem em vista; a luta é o meio de que se serve para o conseguir. [...]
>
> O Direito não é uma pura teoria, mas uma força viva.
>
> Por isso a justiça segura numa das mãos a balança em que pesa o direito, e na outra a espada de que se serve para o defender.
>
> A espada sem a balança é força brutal; a balança sem a espada é a impotência do direito.[44]

---

[44] R. v. Ihering, *A Luta pelo Direito*, neste volume, p. 11.

PREFÁCIO DO AUTOR

Na primavera do ano de 1872, fiz na Sociedade Jurídica de Viena uma conferência que no verão do mesmo ano publiquei consideravelmente desenvolvida e dirigida ao grande público sob o título: *A luta pelo direito*.

Não foi uma tese de pura teoria jurídica, mas uma tese de moral prática que, desde o início, eu ataquei na elaboração e publicação desta obra.

Porque tive menos em vista generalizar o conhecimento científico do direito do que despertar nos espíritos essa disposição moral que deve constituir a força suprema do direito: a manifestação corajosa e firme do sentimento jurídico.

As edições sucessivas que foi preciso fazer deste pequeno trabalho representam para mim a prova de que ele não deveu o seu primeiro sucesso ao encantador atrativo da novidade, mas à convicção dominante no grande público da exatidão da ideia fundamental que no mesmo se encontra debatida.

Esta convicção está, de resto, fortalecida pelo testemunho do estrangeiro manifestado em numerosas traduções.

Nas últimas edições, suprimi a introdução primitiva, porque exprimia uma ideia a que faltava alguma clareza por insuficientemente desenvolvida. Nem sei mesmo se para divulgar este escrito entre a gente do povo não deveria suprimir todas as matérias que mais propriamente se dirigem aos juristas do que ao povo, e designadamente o capítulo final sobre o direito romano e a sua teoria moderna. Se eu tivesse previsto a popularidade que viria favorecer este trabalho, dar-lhe-ia, desde o princípio, outra forma; mas, resultante como era de uma conferência perante os juristas, a esses se dirigia em primeira mão na sua primitiva forma e eu entendi que não o deveria alterar em causa alguma, visto que esta circunstância não tem impedido a sua propagação entre a gente do povo.

Quanto ao próprio fundo da tese, também nada modifiquei nas edições subsequentes.

A ideia fundamental do meu trabalho é, segundo me parece, tão incontestavelmente justa e irrefutável que consideraria perdido o tempo que gastasse a defendê-la contra aqueles que a combatem.

Àquele que não sente, quando o seu direito é insolentemente desprezado e calcado aos pés, que não se trata simplesmente do objeto deste direito, mas da sua própria pessoa; àquele que não experimenta a irresistível necessidade de defender a sua pessoa e o seu justo direito, não temos que prestar auxílio e nenhum interesse tenho em o converter.

É um *tipo* cuja existência real deve constatar-se simplesmente – o *filisteu do direito* como poderia com propriedade chamar-se. Egoísmo e materialismo encarnados são os traços que o caracterizam.

Não seria o *Sancho Pança* do direito se não visse um *Dom Quixote* em todo o homem que, na defesa do seu direito, corre atrás de utilidades estranhas ao próprio cofre.

Para esse não tenho eu frase diversa das palavras de KANT, que, aliás, só conheci depois da publicação do meu trabalho: "Aquele que anda de rastos como um verme nunca deverá queixar-se de que foi calcado aos pés."[1]

Numa outra passagem (p. 165, *ibid.*), KANT define esta forma de lançar os próprios direitos sob os pés doutrem: "A violação dos deveres do homem para consigo próprio" e, falando dos

---

[1] KANT. *Metaphysische Anfangsgründe Tugendlere*. 2. ed., Keuznach, 1800, p. 133.

deveres que impõe a dignidade humana, estabelece a máxima seguinte: "Não deixeis impunemente calcar o vosso direito aos pés doutrem."

É afinal a mesma ideia que eu desenvolvi no meu trabalho; está escrita e enunciada de mil maneiras no coração de todos os indivíduos e de todos os povos enérgicos.

O único mérito que eu posso reivindicar consiste em a ter estabelecido sistematicamente e desenvolvido com rigorosa exatidão.

Uma interessante continuação da minha obra foi feita por A. SHMIEDE no seu livro: *Die lehre vom Kampf um's Recht in-Verhältniss zu dem Judenthum und dem ältersten Christenthum,* Viena, 1875. A sentença formulada pelo professor judeu nestes termos, p. 15: "Que seja indiferente a teus olhos que o objeto do litígio seja um cêntimo ou cem francos" – está em perfeita harmonia com o que eu exponho adiante.

Este tema foi tratado por KARL EMILE FRANZOS no seu romance *Der Kampf um's Recht,* de que falo na minha obra.

Os resumos que do meu trabalho se têm feito na Alemanha e no estrangeiro são tão extraordinariamente numerosos que renuncio a enumerá-los.

Deixando ao próprio escrito o encargo de convencer o leitor da exatidão da ideia que ele defende – limitar-me-ei aqui a fazer um duplo pedido àqueles que se julgam provocados para me refutar. Pedir-lhes-ei primeiramente que não comecem por desnaturar e falsear as minhas ideias, inculcando-me como apóstolo da discórdia, dos pleitos, do espírito questionador e demandista, quando eu não preconizo por forma alguma a luta pelo direito em todas as contendas, mas somente naquelas em que o ataque ao direito implica conjuntamente um desprezo da pessoa.

A condescendência, a resignação, a suavidade e o amor da paz, a transigência e até a renúncia a fazer valer o direito de qualquer encontram também, no meu trabalho, o lugar que lhes pertence.

Repele unicamente a indigna tolerância da injustiça que é o efeito da cobardia, da indolência, do amor ao descanso.

O segundo desejo que exprimo é que aquele que quiser seriamente tomar conhecimento da minha teoria, experimente opor à fórmula positiva de conduta prática que ela desenvolve uma outra fórmula positiva: verá em breve como falha.

Que deve fazer o interessado quando o seu direito é calcado aos pés?

Aquele que puder opor à minha resposta uma outra solução defensável, isto é, conciliável com a manutenção da ordem jurídica e com a ideia da personalidade, ter-me-á batido.

Aquele que o não puder fazer não tem mais o que escolher: ou concordar com a minha opinião, ou satisfazer-se com essa situação dúbia, sinal distintivo de todos os espíritos ambíguos, que consiste em desaprovar e em negar sem ter uma opinião própria.

Nas questões puramente científicas, pode alguém limitar-se a refutar simplesmente o erro, mesmo quando não tem em mira substituir-lhe a verdade positiva; mas nas questões práticas, onde certamente qualquer coisa há a fazer e onde não se trata senão de saber o quê, não basta rejeitar como falsa a indicação positiva dada por outro; é preciso substituí-la por uma outra. Espero, pois, que desta forma se proceda relativamente ao que eu sustento; até ao presente ainda ninguém sequer o tentou.

Algumas palavras ainda sobre um ponto acessório que nada tem de comum com a minha teoria, mas que tem sido posto em dúvida até por autores com os quais quanto ao resto estou de perfeito acordo.

Trata-se do que disse, a propósito da injustiça feita a Shylock.

Eu não sustentei que o juiz deveria ter reconhecido como válido o título de Shylock, mas disse que, uma vez isso feito, não podia, fora de tempo, por uma reles velhacaria esquivar-se à execução da sentença.

O juiz tinha à sua livre escolha, ou declarar o título válido, ou declará-lo nulo. Decidiu-se no primeiro sentido. SHAKESPEARE expõe o assunto de tal maneira que é preciso admitir que esta decisão era segundo os termos do direito a única possível.

Ninguém em Veneza duvidava da validade do título: os amigos de Antônio, o próprio Antônio, o Doge, o tribunal, toda a gente, enfim, estava de acordo em admitir que o judeu tinha o direito a seu favor.[2]

É com esta confiança garantida no seu direito por todos reconhecido que Shylock reclama o auxílio da justiça, e o sábio Daniel lho reconhece, depois de ter primeiramente tentado em vão decidir o credor, que clamava vingança, a renunciar ao seu direito.

E depois, quando a sentença foi proferida, quando toda a dúvida sobre o direito do judeu pelo próprio juiz foi afastada, quando já nenhuma contestação ousava fazer-se ouvir, quando toda a assembleia, inclusive o Doge, estava submetida à sentença inevitável, quando o vencedor, bem seguro do seu direito, quis executar aquilo a que a sentença o autorizava, o próprio juiz que solenemente reconheceu o seu direito, iludiu-o com uma objeção, com uma astúcia tão miserável e tão nula que nem digna é de uma reputação séria.

Pois então há porventura carne que não contenha sangue?

O juiz que reconhecia a Shylock o direito de cortar uma libra de carne do corpo de Antônio, reconhecia-lhe por isso mesmo direito ao sangue, sem o qual não pode na hipótese haver carne, e aquele que tem o direito de cortar uma libra pode levar menos

---

2   Ato III, c. 3ª Antônio: "O Doge não pode suspender o cumprimento da lei, porque..." Ato IV, c. I. O Doge a Antônio: "Estou aflito por uma causa..." Antônio: "Visto que... nenhum meio legal pode subtrair-me aos ataques do seu rancor... Portia... tu estás em tão regular situação que a lei de Veneza não pode opor obstáculos às tuas pretensões. Isso não deve ser: não há autoridade em Veneza que possa alterar um decreto estabelecido... A glosa e o espírito da lei harmonizam--se perfeitamente com a penalidade estipulada claramente neste título... Tu tens direito a uma libra de carne deste mercador, o tribunal ta adjudica e a lei ta dá..." Assim a regra jurídica, segundo a qual o título é plenamente válido, o *jus in thesi* é não só reconhecido unanimemente como incontestável, mas o *jus in hypothesi* está já pronunciado, e é então, no momento da execução, que é iludido pelo próprio juiz, por meio de uma vergonhosa perfídia. Um juiz poderia da mesma maneira condenar o devedor e obrigar em seguida o credor a ir buscar o dinheiro, por suas próprias mãos, a um forno de alta temperatura, ou a recebê-lo no cume de uma torre se o devedor é um pedreiro, ou no fundo dum lago se é um mergulhador, desde que no reconhecimento nada se diga acerca do lugar do pagamento.

se quiser. O judeu vê que lhe não consentem nem uma nem outra coisa, não pode levar senão carne, nenhum sangue, e não pode cortar senão libra à justa, nem mais nem menos.

Tenho eu porventura exagerado sustentando que o judeu se vê aqui defraudado no seu direito? Certamente tudo isso se faz no interesse da humanidade, mas a injustiça cometida no interesse da humanidade deixa por isso de ser uma injustiça? E se o fim justifica os meios, por que é que isso se reconhece somente depois do julgamento e não antes?

Depois da 6ª edição (1880), dois juristas, em duas brochuras, se fizeram eco das numerosas objeções que têm sido feitas desde a publicação deste trabalho, contra a opinião que aqui defendo e no próprio texto.

Um é A. PIETSCHER, presidente do tribunal de Dessau, no seu opúsculo intitulado: *Jurist und Dichter, Versuch einer Studie über Iherings Kampf um's Recht und Shakespear's Kaufmann von Venedig,* Dessau, 1881.

Reproduzo à essência a opinião do autor, conservando os seus próprios termos: "Vitória sobre a perfídia por uma perfídia mais forte; o patife vítima das suas próprias ciladas."

A primeira parte desta proposição limita-se a reproduzir a minha própria opinião; eu não disse coisa diversa: Shylock foi defraudado no seu direito por perfídia; mas deverá o direito recorrer a semelhantes processos?

É o que o autor não disse e duvido muito que, como juiz, aplique jamais um tal processo.

Pelo que respeito à segunda parte da proposição, pergunto eu: desde o momento que a lei de Veneza declarava válido um escrito daquela natureza, o judeu era porventura um patife porque tirava partido dele, e se nisso se quer descobrir uma cilada deve atribuir-se ao judeu ou à lei a sua responsabilidade?

Semelhante raciocínio, longe de refutar a minha opinião, ainda mais a vem reforçar.

A segunda crítica segue uma outra orientação. É de Jos. KOHLER, professor em Wurzbourg: *Shakespeare vor dem Forum der juris prodenz,* Wurzbourg, 1883. Segundo ele, a cena do tribunal, no *Mercador de Veneza,* contém em si "a quinta-essência do direito; encerra uma jurisprudência mais profunda do que dez tratados de *Pandectas* e facilita-nos um golpe de vista mais profundo sobre a história do direito do que todas as obras desde *Savigny* até *Ihering*".

Esperamos que deste mérito fenomenal de SHAKESPEARE, em face de jurisprudência, redundará uma parte em favor do Cristóvão Colombo que foi o primeiro a descobrir este novo mundo do direito, cuja existência ficou ignorada, até esta data, de toda a jurisprudência.

Segundo as disposições relativas a tesouros, teria direito à metade, e é uma recompensa com que já poderia contentar-se, visto o valor inestimável que lhe atribui.

Devo deixar ao leitor o cuidado de estudar no próprio opúsculo "a grande quantidade de ideias jurídicas que Shakespeare produziu sobre o assunto" (p. 92) se bem que não ouse aconselhar ninguém a mandar os jovens estudantes a esta escola de Pórcia que é o novo evangelho do direito.

Quanto ao mais, honra a Pórcia! A sua sentença é "o triunfo da consciência jurídica purificada sobre a sombria noite que pesava sobre o direito; é um triunfo que se oculta por detrás das razões aparentes, que, toma a máscara dos falsos motivos porque assim é necessário; mas é um triunfo, não somente no processo isoladamente considerado, mas na história do direito em geral; é o sol do progresso que de novo lançou os seus raios reanimantes no santuário da justiça; é o reino de Sarastro triunfando das potestades da noite."

A Pórcia e a Sarastro, a cujos nomes se liga o início da nova jurisprudência inaugurada pelo nosso autor, é preciso juntar o Doge que, enlaçado até então pelos grilhões da "jurisprudência anterior" e consagrado às "potestades da noite", se vê resgatado pela palavra libertadora da Pórcia e chega a reconhecer a missão histórica universal que lhe incumbe.

Repara completamente a sua precedente negligência. Primeiramente declara Shylock culpado de tentativa de homicídio.

"Há ali, é certo, ainda uma injustiça, mas uma tal injustiça está perfeitamente justificada segundo a história universal;

corresponde a uma necessidade universal, e aproveitando este elemento Shakespeare excedeu-se a si próprio como historiador do direito. Que Shylock seja não somente vencido, mas também punido – isso é necessário para coroar a vitória que acompanha a gloriosa entrada da nova ideia do direito (p. 95). Em seguida, condena o judeu a tornar-se cristão. Essa exigência, em si, contém uma verdade histórica universal. A exigência é condenável, a nosso juízo, e contrária à ideia de liberdade de crenças, mas corresponde à marcha da história universal que lançou milhares de homens nas algemas duma crença, não pela doce palavra da conversão, mas pela ameaça do carrasco" (p. 96).

Tais são os raios reanimantes que o "sol do progresso lança no pretório da justiça". Os judeus e os heréticos aprenderam outrora a conhecer a sua força reanimante sobre as fogueiras de Torquemada.

É assim que o reino de Sarastro triunfa das potestades da noite. Uma Pórcia que, por detrás do sofisma do sábio Daniel, deita abaixo o direito existente, um Doge que lhe segue as pisadas, um jurista amigo da jurisprudência profunda e da quinta-essência do direito que justifica as suas decisões servindo-se da fórmula "histórico-universal" – e está feita a partidinha!

Tal é o "fórum da jurisprudência" diante do qual o autor me foi acusar. Deve renunciar na verdade à opinião que em tal assunto sustento; há em mim muito da jurisprudência dos "tratados de pandectas", para que eu possa ter participação na nova era da jurisprudência que ele nos apresenta; eu continuarei, portanto, na esfera da história do direito a seguir o caminho que me habituei a trilhar.

Não me deixarei sugestionar com a formidável alegação de que somente se eu fosse dotado do olhar penetrante deste autor teria podido reconhecer ao mercador de Veneza vistas mais profundas sobre a história do direito do que em todas as fontes do direito positivo e em toda a literatura da história do direito do nosso século, desde Savigny até os nossos dias.

Uma análise crítica da tradução inglesa, publicada em Chicago no jornal americano *Albany Law Journal*, de 27 de dezembro de 1879, informou-me de que a opinião que defendi na minha obra sobre o julgamento de Pórcia já antes fora enunciada, num dos anuários precedentes desta revista, por um dos seus colaboradores, e o autor do artigo não sabe explicar por outra forma esta coincidência, senão admitindo um plagiato da minha parte (*roubado* diz ele, em termos pouco delicados).

Não pretendo esconder esta interessante descoberta ao público alemão.

É cúmulo do plagiato, porque na época em que eu o teria cometido ainda não tivera a revista em questão debaixo da vista e ignorava até a sua existência.

Talvez eu um dia venha a saber que mesmo a minha obra não emana de mim, mas que eu a traduzi para o alemão sobre a tradução inglesa publicada na América. Devo acrescentar que em face dos meus protestos, a redação do *Albany Journal* declarou num número subsequente (n. 9, de 28 de fevereiro de 1880) que tudo o que afirmara não passava de uma brincadeira.

Singulares brincadeiras estas com que para além do Oceano se divertem.

DR. RUDOLF VON IHERING

Göttingen, 24 de dezembro de 1888

INTRODUÇÃO

A paz é o fim que o direito tem em vista; a luta é o meio de que se serve para o conseguir. Por muito tempo pois que o direito ainda esteja ameaçado pelos ataques da injustiça – e assim acontecerá enquanto o mundo for mundo –, nunca ele poderá subtrair-se à violência da luta. A vida do direito é uma luta: luta dos povos, do Estado, das classes, dos indivíduos.

Todos os direitos da humanidade foram conquistados na luta; todas as regras importantes do direito devem ter sido, na sua origem, arrancadas àquelas que a elas se opunham, e todo o direito, direito de um povo ou direito de um particular, faz presumir que se esteja decidido a mantê-lo com firmeza.

O direito não é uma pura teoria, mas uma força viva.

Por isso a justiça sustenta numa das mãos a balança em que pesa o direito, e na outra a espada de que se serve para o defender.

A espada sem a balança é a força brutal; a balança sem a espada é a impotência do direito.

Uma não pode avançar sem a outra, nem haverá ordem jurídica perfeita sem que a energia com que a justiça aplica a espada seja igual à habilidade com que maneja a balança.

O direito é um trabalho incessante, não somente dos poderes públicos, mas ainda de uma nação inteira.

A vida completa do direito, considerada no seu conjunto, apresenta à nossa vista o mesmo espetáculo da luta, o trabalho sem tréguas de uma nação que nos patenteia a atividade dos povos na posse plena da produção econômica e intelectual. Cada particular, obrigado a sustentar o seu direito, toma a sua parte neste trabalho nacional e leva o seu óbolo à realização da ideia do direito sobre a terra.

Esta necessidade, sem dúvida, não se impõe a todos na mesma medida. A vida de milhares de indivíduos decorre tranquilamente e sem obstáculos pelas vias regulares do direito; e se lhes disséssemos: o direito é uma luta – eles não nos compreenderiam, porque não o conhecem senão como estado de paz e de ordem. Sob o ponto de vista da sua experiência pessoal, têm eles incontestavelmente toda a razão, do mesmo modo que o herdeiro rico que, sem custo, viu cair nas suas mãos o fruto do trabalho de outro, quando nega que a propriedade seja o trabalho.

Tanto a ilusão de um como de outro provém de que as duas faces que a propriedade e o direito apresentam podem, subjetivamente, ser reparadas de forma a conferir a um o prazer e a paz e a outro o trabalho e a luta.

A propriedade como o direito é a cabeça de *Janos* de rosto duplo; a uns mostra ela exclusivamente este, a outros aqueles; daí a diversidade completa da imagem que de uma e outra parte se recebe.

Em relação ao direito isto é verdadeiro, não somente para os indivíduos em particular, como até para gerações inteiras.

A vida de uma é a guerra, a vida de outra a paz, e por consequência nesta repartição subjetiva os povos estão sujeitos exatamente à mesma ilusão dos indivíduos.

Depois de um longo período de paz, a crença na paz perpétua atinge o apogeu da sua florescência, até que o primeiro tiro de canhão faça desvanecer o belo sonho e que no lugar de uma raça que gozou a paz, sem cuidados venha colocar-se uma outra que deva merecê-la primeiro pelos rudes e penosos trabalhos da guerra. A paz sem luta e o gozo sem trabalho nunca existiram senão no paraíso terrestre; a história só os conhece como o resultado de incessantes, de laboriosos esforços.

Eu tenciono desenvolver aqui a ideia de que a luta é o trabalho do direito, e que tanto pelo que diz respeito à necessidade prática, como à importância moral, ela é para o direito o que o trabalho é para a propriedade.

E não me parece supérfluo o que sobre este ponto escrever; antes pelo contrário eu creio que assim irei reparar uma omissão cometida pela nossa teoria (quero referir-me não só à filosofia do direito, mas também à jurisprudência positiva).

A nossa teoria do direito, e isto não pode ser mais claro, ocupa-se mais da balança do que da espada da justiça; o exclusivo do ponto de vista, puramente científico, com o qual ela considera o direito e que faz, em resumo, que o apresente não pelo seu lado real, como noção de poder, mas antes pelo seu lado puramente lógico, como sistema de regras abstratas – imprimiu quanto a mim, a toda a sua concepção do direito, um caráter que de forma alguma concorda com a rude realidade.

O seguimento deste trabalho nos fornecerá um grande número de provas em apoio desta censura.

A palavra direito, como se sabe, emprega-se num duplo sentido: no sentido *objetivo* e no sentido *subjetivo*.

O direito no sentido objetivo é o conjunto de princípios jurídicos aplicados pelo Estado à ordem legal da vida.

O direito, no sentido subjetivo, é a transfusão da regra abstrata no direito concreto da pessoa interessada.

Tanto numa como na outra direção o direito encontra resistência; tanto numa como noutra deve dominá-la, isto é, conquistar ou manter a sua existência lutando sempre. É a luta pelo direito subjetivo que escolhi como verdadeiro objeto do meu estudo, mas não posso deixar de demonstrar também para o direito objetivo a exatidão da asserção por mim feita de que a luta é a própria essência do direito.

Quanto à *realização* do direito por parte do Estado, é uma verdade incontestada e que não há necessidade portanto de mais ampla demonstração. A manutenção da ordem jurídica, da parte do Estado, não é senão uma luta incessante contra a anarquia que o ataca.

Sucede coisa diversa no *nascimento* do direito, não só no nascimento ordinário ou princípio da história, mas no rejuvenescimento ou renovação que se opera todos os dias aos nossos olhos, na substituição das regras de direito existentes por outras regras novas, *progresso* do direito, enfim. Aqui, com efeito, contra a minha opinião que submete a evolução do direito à lei que rege toda a sua existência, levanta-se uma opinião que goza ainda, pelo menos na nossa ciência romanista, de um crédito geral e que designarei, para abreviar, segundo os nomes dos seus dois principais partidários, a teoria de *Savigny* e de *Puchta* sobre a origem do direito.

Segundo esta teoria, a formação do direito faz-se tão sutilmente, tão livre de dificuldades como a formação de linguagem; nem exige esforço, nem luta, nem sequer lucubrações, – é a força tranquilamente ativa da verdade que sem esforço violento, lentamente, mas seguramente, segue a sua derrota; é o poder da convicção à qual se submetem as almas e que elas exprimem pelos seus atos.

Uma regra nova de direito nasce com tão pequeno esforço como uma regra de linguagem. Segundo esta opinião, a regra do direito antigo de Roma, pela qual o credor pode vender o seu devedor insolvente para a escravidão estrangeira ou pela qual o proprietário pode arrancar a *sua* coisa de quaisquer mãos em que se encontre, formou-se na Roma antiga, pouco mais ou menos, como a regra do *cum* regendo o ablativo.

Tal é a concepção da origem do direito que eu próprio trazia ao sair da Universidade e sob cuja influência fiquei durante certo número de anos.

É ela verdadeira? É preciso confessar que o direito, à semelhança da linguagem, admite um desenvolvimento, de dentro para fora, imperceptível, inconsciente, ou melhor, orgânico, para me servir de expressão tradicional. É a este modo de desenvolvimento que se ligam todas aquelas regras do direito que confia às relações civis a conclusão autônoma e uniforme dos atos jurídicos, da mesma maneira que todas aquelas abstrações, conclusões e regras que a ciência descobre pelo processo analítico nos direitos existentes e revela à consciência.

Mas o poder destes dois fatores, tanto das relações civis como da ciência, é limitado. Podem, nos limites fixados pelo direito existente, regularizar, favorecer o movimento, mas não saberiam derrubar os diques que impedem a corrente de se precipitar numa diversa direção. Eis o que só pode a lei, isto é, o fato intencional e determinado do poder público. Não é, portanto, por acaso, mas por uma necessidade profundamente fixada na essência do direito, que todas as formas substanciais do processo e do fundo do direito se ligam às leis. Poderia acontecer, é verdade, que uma modificação introduzida pela lei no direito existente ficasse na esfera da abstração e restringisse a sua influência a este mesmo direito, sem fazer descer os seus efeitos até ao domínio das relações concretas que se formaram sobre a base do direito existente. Não há então no mecanismo do direito mais do que uma simples modificação que substitui um parafuso ou uma mola defeituosa por outra mais perfeita.

Mas acontece também muitas vezes que a modificação não pode ser obtida, senão com o sacrifício de um ataque muito sensível a direitos e a interesses privados existentes.

Com o decorrer do tempo, os interesses de milhares de indivíduos e de classes inteiras prendem-se ao direito existente, por maneira tal, que este não poderá nunca ser abolido sem os irritar fortemente. Discutir a disposição ou a instituição do direito é declarar guerra a todos estes interesses, é arrancar um pólipo que está preso por mil braços. Pela ação natural do instinto da conservação, toda a tentativa deste gênero provoca a mais viva resistência dos interesses ameaçados. Daí uma luta na qual, como em todas as lutas, não é o peso das razões, mas o poder relativo das forças postas em presença que faz pender a balança e que produz frequentemente resultado igual ao do paralelogramo das forças, isto é, um desvio da linha direta no sentido da diagonal.

É a única maneira de explicar como algumas instituições, muito tempo depois de condenadas pela opinião pública, conseguem muitas vezes prolongar a vida. O que as mantém não é a força de inércia da história, mas a força de resistência dos interesses defendendo a sua posse.

Em todos os casos em que o direito existente encontra este sustentáculo no interesse, o direito novo não pode chegar a introduzir-se, senão à custa de uma luta que por vezes se prolonga durante mais de um século e que atinge o mais alto grau de intensidade quando os interesses tomaram a forma de direitos adquiridos. Veem-se então em presença dois partidos, tomando ambos por divisa a santidade do direito; um arvora a bandeira do direito histórico, do direito do passado; o outro a do direito, que, dia a dia, se vai formando, dia a dia, vai rejuvenescendo, do direito primordial que a humanidade tem de se regenerar constantemente. É um exemplo de conflito da ideia do direito consigo própria.

Este conflito toma um caráter trágico para aqueles que expuseram toda a sua força, todo o seu ser, pela sua convicção, e que sucumbem, afinal, sob o julgamento supremo da história. Todas as grandes conquistas que a história do direito registra: abolição da escravatura, da servidão pessoal, liberdade da propriedade predial, da indústria, das crenças etc., foram alcançadas assim à custa das lutas ardentes, na maior parte das vezes continuadas através de séculos; por vezes são torrentes de sangue, mas sempre são direitos aniquilados que marcam o caminho seguido pelo direito. O direito é como Saturno devorando os seus próprios filhos; não pode remoçar sem fazer tábua rasa do seu próprio passado. Um direito concreto que se vangloria da sua existência para pretender uma duração ilimitada, eterna, recorda o filho que levanta a mão contra sua própria mãe. Insulta a ideia do direito, invocando-a, porque a ideia do direito será eternamente um movimento progressivo de transformação; mas o que desapareceu deve ceder lugar ao que em seu lugar aparece, porque "*tudo o que nasce está destinado a voltar ao nada*" (GOETHE, *Fausto*).

O direito no seu movimento histórico apresenta-nos pois um quadro de lucubrações, de combates, de lutas, numa palavra, de penosos esforços.

O espírito humano, que exerce inconscientemente o seu trabalho de modelagem sobre a linguagem, não encontra resistência violenta, e a arte não tem outro inimigo a vencer senão o próprio passado – o gosto predominante. Mas o direito considerado como causa final, colocado em meio da engrenagem caótica dos fins, das aspirações, dos interesses humanos, deve incessantemente ansiar e esforçar-se por encontrar o melhor caminho e, desde que se lhe depare, deve terraplanar toda a resistência que lhe opuser barreiras.

E se é incontestável que esta evolução é legítima e simples, assim como a da arte e da linguagem, não é menos que ela difere desta última na sua maneira e na sua forma de proceder. A este respeito é preciso repelir categoricamente o paralelo estabelecido por *Savigny* e que tão rapidamente alcançou uma autoridade geral, entre o direito de um lado e a linguagem e a arte do outro lado.

Falso como opinião teórica, mas, sem consequências, contém, como máxima política, uma das heresias mais tremendas que se pode conceber, porque na esfera onde o homem deve *agir*, agir com plena e clara consciência do fim e com aplicação de todas as suas forças, ela engana-o, fazendo-lhe crer que as cousas se regularizam por si, que nada há melhor a fazer do que cruzar os braços e esperar cheio de confiança o que for dando à luz, pouco a pouco, a suposta fonte primordial do direito – a consciência nacional.

Daí a aversão de SAVIGNY e de todos os seus discípulos contra a intervenção da legislação;[1] daí o desconhecimento completo da verdadeira natureza do costume na teoria de PUCHTA sobre o direito consuetudinário. O costume não é para PUCHTA mais do que um simples meio de reconhecer a consciência jurídica. Que esta consciência se forma primeiramente por si, visto que ela age, que é somente por esta ação que afirma a sua força e por isso mesmo a sua missão de reger a vida, em resumo, que para o direito consuetudinário, igualmente poderá dizer-se que o direito é uma noção de força, – tudo isso escapou completamente a este eminente espírito. E nisto não fez mais do que pagar o seu tributo à época em que viveu. Era o tempo do período romântico para a nossa poesia, e se não espantasse a aplicação desta ideia em matéria de direito, e quisesse alguém dar-se ao

---

[1] Aversão exagerada até ao ridículo por Staffe, na passagem de um dos seus discursos reitorais, reproduzida no espírito do D. R., t. II, p. 29, n. 21 (ed, fr.).

trabalho de comparar as tendências que nos dois domínios exercem influência, não me censurarão por eu sustentar que a escola histórica mereceria da mesma forma chamar-se escola romântica.

É uma concepção verdadeiramente romântica, isto é, que assenta sobre uma falsa idealização nas circunstâncias do passado, o admitir que o direito se forma sem dor, sem custo, sem ação como a erva dos campos; a dura realidade ensina porém o contrário.

E não falamos somente aqui do mínimo fragmento que sob nossos olhos temos e que nos oferece quase por toda a parte a imagem dos violentos esforços dos povos modernos.

A impressão fica a mesma, seja, qual for a parte do passado, sobre a qual incidam os nossos olhares.

À teoria de SAVIGNY fica apenas a época pré-histórica, sobre a qual nos faltam todas as informações. Mas se a este respeito é permitido exprimir algumas presunções, – oporei à de SAVIGNY, que caracterizou esta época, como o teatro da formação calma, pacífica do direito no mundo da consciência popular, a minha própria diametralmente oposta, e deverá reconhecer-se que esta tem em seu favor a analogia do desenvolvimento real e visível do direito na história e, segundo creio, a vantagem de uma maior verossimilhança psicológica. Os tempos primitivos!

Foi outrora moda adorná-los com toda a espécie de belas qualidades: a verdade, a franqueza, a lealdade, a candura, a fé piedosa, e, certamente, sobre um tal terreno o direito teria podido desenvolver-se, sem outro impulso mais do que a força de convicção jurídica; não teria havido necessidade do murro nem da espada.

Mas toda a gente sabe hoje que esta *piedosa* época se caracterizava por traços diametralmente opostos, a rudeza, a crueldade, a desumanidade, a astúcia e a perfídia, e seria difícil o conseguir que alguém acreditasse ainda que ela pôde estabelecer o seu direito mais facilmente do que todas as épocas posteriores. De mim para mim, estou mesmo convencido de que o trabalho que ela devia ter consagrado para esse efeito foi muito mais penoso e de que até as mais simples regras de direito, como aquelas a que já me referi – o direito concedido ao proprietário de arrancar a coisa sua das mãos de qualquer possuidor e o concedido ao credor de vender debaixo de servidão o seu devedor insolvente, – deviam ter sido conquistadas por uma luta obstinada, antes de alcançarem uma autoridade geral e incontestada.

As informações que nos dão os documentos da época histórica sobre o nascimento do direito são no entanto suficientes; todos proclamam que o nascimento do direito, como o dos homens, tem sido, uniformemente, acompanhado das vivas dores do parto.

Devemos lastimar-nos? A circunstância de o direito não caber por sorte aos povos sem dificuldades, antes de terem eles, para o obter, de se agitar e de lutar, combater e derramar o próprio sangue, esta circunstância precisamente cria entre eles e o seu direito esse laço íntimo que o risco da vida cria no parto entre a mãe e o novo filho. Um direito adquirido sem custo não vale, nem mais nem menos, que o menino encontrado sobre uma couve, no conto que se faz para as crianças. Deste menino pode qualquer apoderar-se. Mas a mãe que deitou o filho ao mundo não deixará que alguém o tome, como um povo não deixará jamais roubar os direitos e as instituições que conquistou à custa do próprio sangue.

Pode afirmar-se sem rodeios: – a energia do amor com que um povo está preso ao seu direito e o defende, está na medida do trabalho e dos esforços.

Não é o simples hábito mas o sacrifício que forja entre o povo e o seu direito a mais sólida das cadeias, e, quando Deus quer a prosperidade de um povo, não lhe *dá* aquilo de que ele necessita, não lhe *facilita* mesmo o trabalho para o adquirir, mas torna-lho mais duro e mais difícil. Não hesito, pois, em proclamar a este respeito – a luta que exige o direito para desabrochar não é uma fatalidade mas uma graça.

* * *

Tratemos agora da luta pelo direito subjetivo ou concreto. É provocada quando o direito é lesado ou usurpado. Não estando direito algum ao abrigo deste perigo, nem o dos indivíduos, nem o dos povos, – porque o interesse de qualquer em o defender choca-se sempre com o interesse de outro em o desprezar – resulta que esta luta se apresente em todas as esferas do direito, tanto nas baixas regiões do direito privado como também nas eminências do direito público e do direito internacional. A defesa internacional do direito violado, sob a forma de guerra, a resistência de um povo sob a forma de tumulto, de rebelião, de revolução contra os atos arbitrários e as violações da Constituição por parte do poder público, a realização turbulenta do direito privado com a forma da lei de Lynch, o cartel na Idade Média e o seu último vestígio nos tempos modernos – o duelo, a legítima defesa própria e, enfim, o modo regulamentado de defender um direito por meio do processo civil, – todos estes fenômenos, a despeito de toda a diversidade do objeto do litígio e dos seus riscos, das formas e das proporções da luta, – não são senão formas e cenas duma única e mesma luta pelo direito.

Se entre todas estas formas escolhi a menos ideal – a luta legal pelo direito privado sob a forma de processo, não é porque, como jurista, me ofereça maior interesse, mas porque a verdadeira razão das coisas está nela mais exposta a ser ignorada, não somente da parte do público em geral, mas até da parte dos próprios juristas. Em todos os outros casos, o objeto é evidente. A mais acanhada inteligência compreende que então se trata de bens que valem os maiores sacrifícios e ninguém perguntará nestes casos: por que lutar, por que não ceder antes? Na luta do direito privado passa-se tudo por outra forma. A modicidade relativa dos interesses a que ela diz respeito, limitados uniformemente à questão do *meu* e do *teu*, o prosaísmo inevitável ligado a esta questão, colocam-na exclusivamente, pelo menos na aparência nas regiões do frio cálculo e da vida positiva. As fórmulas dentro das quais ela se move, o seu caráter mecânico, a exclusão de toda a manifestação livre e enérgica da pessoa são pouco de molde a enfraquecer esta impressão desfavorável. Tempo houve, é certo, em que semelhantes questões chamavam à liça os próprios interessados e em que, por isso mesmo, a significação da luta estava claramente indicada. Quando a espada decidia ainda a disputa do *meu* e do *teu*, quando cavaleiro da Idade Média enviara um cartel ao seu adversário, qualquer terceira pessoa, muito embora desinteressada, era obrigada a reconhecer que não se lutava somente pelo simples valor do objeto, para evitar uma perda pecuniária, mas que alguém expunha e defendia, neste objeto, o seu direito, a sua honra, a sua própria pessoa.

Mas para que evocar aqui um tal estado de coisas, já desvanecido, depois de tanto tempo decorrido, para encontrar uma explicação que a história do presente, ainda que diferente na forma, mas exatamente semelhante no fundo, pode fornecer-nos tão perfeitamente como o passado?

Um golpe de vista sobre os acontecimentos da nossa vida atual e a observação psicológica de nós próprios prestar-nos-ão o mesmo serviço.

Quando um indivíduo é lesado nos seus direitos, deve perguntar-se se ele os sustentará, se resistirá ao seu adversário, e por consequência se ele lutará, ou se efetivamente, para escapar à luta, abandonará, cobardemente, o seu direito.

Qualquer que seja, afinal, a decisão, implica ela sempre um sacrifício. Num caso, o direito é sacrificado à paz; no outro, a paz é sacrificada ao direito. A questão parece reduzir-se desde então, definitivamente, a saber qual é o sacrifício mais suportável, segundo as circunstâncias do fato e as condições individuais da pessoa. O rico renunciará, no interesse da paz, ao valor total do litígio que para ele é insignificante; pelo contrário, o pobre para quem esta quantia é relativamente mais importante, renunciará de preferência à paz. A questão da luta pelo direito reduzir-se-ia assim a uma pura operação matemática, na qual deveriam estabelecer-se por hipótese de uma e de outra parte as vantagens e os inconvenientes, para se conformar qualquer decisão com o resultado.

Toda a gente sabe que em realidade nada porém assim acontece. A experiência de todos os dias mostra-nos processos em que o valor do objeto em litígio está fora de toda a proporção com a soma provável dos sacrifícios, das emoções e das despesas.

Aquele que deixou cair um franco na água não despenderá nunca dois para o reaver; para ele a questão de saber quanto gastará nisso é um puro cálculo de aritmética.

Por que não faz o mesmo cálculo a propósito de um processo?

E não se diga que, contando ganhar o processo, espera portanto que as despesas cairão sobre o adversário.

O jurista sabe que muitas vezes a certeza de pagar caro o triunfo não impede um processo.

Quantas vezes o advogado, que chama a atenção da parte para o fato da sua causa e a dissuade do processo, não deverá ouvir esta resposta: – estou positivamente decidido a questionar, pouco me importam portanto as despesas!

Como explicar tal forma de proceder, francamente absurda sob o ponto de vista do interesse inteligentemente compreendido?

A resposta que habitualmente espera ouvir-se é conhecida; é o triste mal da mania dos processos, do espírito de chicana, o humor bulhento, a "vontadinha" de dirigir a cólera sobre o adversário, ainda mesmo com a certeza de dever pagá-la tão caro, se não mais do que ele.

Deixemos por um instante de parte a questão entre dois particulares e coloquemos no seu lugar dois povos.

A um foi injustamente tomada pelo outro uma légua quadrada de terreno inculto e sem valor. Este último deveria declarar a guerra? Examinemos a questão sob o ponto de vista em que a coloca a teoria da mania dos processos quando se trata de um camponês que, com a ajuda da charrua, se apossou de alguns pés do campo do vizinho ou lançou pedras sobre o terreno deste último. Mas então o que é uma légua de terreno inculto em comparação com uma guerra que custará milhares de vidas, que semeará a tristeza e a miséria tanto nas choupanas como nos palácios, que absorverá milhões e milhões do tesouro público e ameaçará talvez a existência do Estado?

Que loucura obriga a tais sacrifícios para um tão audacioso risco?

Eis o que sobre isto haveria a dizer, se fosse possível aplicar a mesma medida ao camponês e a nação. Mas ninguém dará a uma nação o mesmo conselho que a um camponês. Todos sabem que uma nação que se calasse em face de uma tal violação do seu direito sancionaria de vez a sua própria condenação à morte.

O povo que deixa impunemente roubar uma légua quadrada desse terreno verá em breve roubar todas as outras, até que nada mais lhe fique a pertencer e deixe de existir como Estado, – e um tal povo não merece melhor sorte.

Mas se um povo deve defender-se por causa de uma légua quadrada de terreno, sem se ocupar do seu valor, por que não deverá defender-se igualmente o camponês por causa de uma faixa de terreno? Poderá retorquir-se com a máxima *quod licet Jovi non licet bovi*? Não da mesma forma que o povo luta, não pelo valor de qualquer légua quadrada mas por si próprio, pela sua honra, e pela sua independência, – também nos processos onde se trata para o litigante de resistir a um ultrajante desprezo do seu direito, ele não luta pelo miserável objeto do litígio, mas por um fim ideal: – *a defesa da sua própria pessoa e do sentimento do direito*. Em face deste fim todos os sacrifícios e desgostos que resultam do seguimento do processo não entram mais em balanço para o interessado; – o fim justifica os meios.

Não é o prosaico interesse pecuniário que arroja o lesado a encetar o processo, mas a dor moral que lhe causa a injustiça sofrida; não se trata para ele de recuperar simplesmente o objeto do litígio – talvez mesmo que antecipadamente o haja destinado a uma instituição de beneficência, como frequentemente sucede em hipóteses análogas, para estabelecer bem o verdadeiro motivo do processo – mas sim de fazer valer o seu justo direito!

Diz-lhe uma voz interior que não deve recuar, que se trata para ele, não de qualquer ninharia sem valor, mas da sua personalidade', da sua honra, do seu sentimento do direito, do respeito a si próprio; em resumo, o processo deixa de ser para ele uma simples questão de interesse, para se transformar em uma questão de *dignidade* e de caráter: – a afirmação ou o abandono da sua personalidade.

Mostra-nos todavia a experiência que outros indivíduos, encontrando-se na mesma posição, tomam uma resolução inteiramente oposta; preferem a paz a um direito dificultosamente sustentado. Que devemos pensar destas pessoas? Limitar-nos-

-emos a dizer: é uma questão de gosto, e de temperamento individuais; um é mais batalhador, o outro é mais pacífico, e sob o ponto de vista do direito as duas maneiras podem igualmente justificar-se, por que todo o interessado tem a liberdade de fazer valer o seu direito ou de o abandonar?

Eu considero esta opinião, que frequentes vezes aliás se encontra na vida, como soberanamente condenável e contrária à mais íntima essência do direito. Se pudesse conceber-se que tal opinião pudesse generalizar-se em qualquer parte, o próprio direito terminaria por se destruir a si mesmo.

Porque, ao passo que o direito reclama para se manter uma viril resistência à injustiça, ela prega uma cobarde fuga diante desta última. Opondo-lhe, pois, a tese seguinte: é um dever resistir à injustiça ultrajante que chega a provocar a própria pessoa, isto é, à lesão ao direito que, em consequência da maneira por que é cometida, contém o caráter de um desprezo pelo direito, de uma lesão pessoal. É um dever do interessado para consigo próprio, porque é um preceito da própria conservação moral; é um dever para com a sociedade, porque esta resistência é necessária para que o direito se realize.

A LUTA PELO DIREITO É UM DEVER DO INTERESSADO PARA CONSIGO PRÓPRIO

A luta pela existência é a lei suprema de toda a criação animada; manifesta-se em toda a criatura sob a forma de instinto da conservação.

Entretanto, para o homem não se trata somente da vida física, mas conjuntamente da existência moral, uma das condições da qual é a defesa do direito. No seu direito, o homem possui e defende a condição da sua existência moral.

Sem o direito desce no nível do animal;[1] e os *romanos* eram perfeitamente lógicos quando, sob o ponto de vista do direito abstrato, colocavam os escravos na mesma linha dos animais. A defesa do direito é portanto um dever da própria conservação moral; o abandono completo, hoje impossível, mas possível em época já passada, é um suicídio moral.

Ora, o direito não é mais do que a soma das diversas instituições isoladas que o compõem; cada uma delas contém uma

---

[1] No romance intitulado Michael Koolhaas, de HEINRICH VON KLEIST, ao qual me referirei adiante, o poeta faz exclamar ao seu herói: Antes ser um cão do que um homem, se devo ser calcado aos pés.

condição de existência particular, física ou moral:[2] a propriedade da mesma forma que o casamento; o contrato da mesma forma que a honra; o abandono de uma delas é pois tão impossível, juridicamente, como o abandono de todo o direito. Mas o que em todo o caso é possível é o ataque de um estranho a uma destas condições, e repetir este ataque é o dever do interessado. Com efeito, não é suficiente a garantia puramente abstrata destas condições de vida por parte do direito; devem elas ser concretamente defendidas pelo sujeito do direito e a ocasião fornece-lha qualquer despótico, quando tem a audácia de dirigir-lhe um ataque.

Nem toda a injustiça, entretanto, é um ato despótico, isto é, uma revolta contra a ideia do direito. O possuidor de uma coisa minha, que se julga dela proprietário, não contesta à minha pessoa a ideia da propriedade, pelo contrário, invoca-a em seu favor; toda a disputa entre nós consiste unicamente em saber quem é o proprietário.

Mas o ladrão e o bandido colocam-se fora da *propriedade,* e contestam ao mesmo tempo a minha propriedade, a ideia desta, e por isso mesmo uma condição de vida essencial à minha pessoa.

Suponha-se pois generalizada a sua maneira de proceder e assim se encontrará negada a propriedade tanto em teoria como na prática. Nestas condições, qualquer ataque não só atingirá o que é meu, mas também a minha pessoa, e se é dever meu defender esta última, este dever estende-se também à defesa das condições sem as quais não pode existir a pessoa.

Na sua propriedade se defende, a parte lesada, a si própria, defende a sua personalidade.

Somente o conflito entre o dever de defender a propriedade, o dever mais elevado de conservar a vida, pode justificar o abandono da propriedade. Tal é o caso em que um bandido nos põe na colisão de escolher a bolsa ou a vida.

---

[2] Dei a prova no meu *Zweek im Recht* (t. I, p. 434 e seg., 2. ed., p. 443 e seg.), onde defini o direito: a proteção das condições de vida da sociedade, realizada pelo poder público por meio da força.

Abstraindo deste caso, é um dever de todo o homem para consigo combater por todos os meios de que disponha a desconsideração para com a sua pessoa no desprezo do seu direito.

Se a sofre, deixa penetrar na sua vida um elemento de ilegalidade, e ninguém lhe deve estender a mão.

Inteiramente diferente é a posição do proprietário em face do possuidor de boa-fé do que lhe pertence. Aqui a questão de saber o que há a fazer não toca o seu sentimento do direito, o seu caráter, a sua personalidade, antes é uma pura questão de interesse, porque não há aqui outro objetivo mais do que o valor da propriedade.

É então perfeitamente legítimo que pese de *per si* o lucro, as despesas, a possibilidade de um resultado incerto e em consequência se decida a intentar um processo, a renunciar a ele ou a transigir[3] A transação é o ponto de coincidência de cálculo igual de probabilidades estabelecido de uma e outra parte, e, nas circunstâncias em que a admito aqui, constitui não somente um meio lícito, mas até o meio mais correto de terminar disputas.

Se apesar disso é muitas vezes tão difícil de realizar, se as duas partes chamadas conciliadoramente perante os tribunais declinam por vezes antecipadamente todas as propostas de transação, isso provém não só quanto ao êxito do processo, cada um dos contendores confia no seu triunfo, mas ainda de que ambos supõem no ânimo dos antagonistas uma propositada injustiça, uma intenção malévola. Assim é que ainda quando a questão debatida em juízo se relaciona com uma injustiça meramente objetiva (*reivindicatio*), toma psicologicamente para o interessado a

---

3   A passagem *supra* deveria proteger-me contra a censura de pagar de uma maneira absoluta a luta pelo direito sem me preocupar com o conflito que a provocou. Somente nos casos em que a própria pessoa é calcada aos pés, no seu direito, é que tenho declarado a defesa do direito uma defesa da própria pessoa e por conseguinte um ponto de honra e um dever moral. Para se poder esquecer esta distinção que tão vigorosamente tenho estabelecido e se me atribuir a ideia absurda de que as questões e as disputas têm qualquer coisa de belo, que a mania dos processos e o espírito de chicana são virtudes, não vejo outra possível alternativa senão a deslealdade que consiste em desfigurar uma opinião incômoda para poder refutá-la, ou a leviandade que faz esquecer no final de um livro o que se leu no princípio.

mesma fisionomia da hipótese acima referida, – de uma violação consciente do seu direito, e a tenacidade com que ele repele neste caso o ataque ao seu direito é, aos seus olhos, tão suficientemente motivada e moralmente justificada como quando faz prova face a face de um ladrão.

Num semelhante caso, querer dissuadir uma parte de um processo fazendo-lhe ver as despesas e as outras consequências, como seja a incerteza do resultado, constitui um erro psicológico; porque não se trata para esse contendor de uma questão de interesse, mas da lesão do seu sentimento jurídico. O único ponto sobre o qual alguém poderá apoiar-se com êxito é a suposição da sua intenção contra o adversário por meio da qual a parte se deixa conduzir; se ela se limita a refutar esta suposição, o verdadeiro nervo da resistência está cortado e poder-se-á então convidar o litigante a examinar a questão sob o ponto de vista do seu interesse e por conseguinte a transigir.

O jurista prático conhece perfeitamente a obstinada resistência que opõe a todas as tentativas deste gênero a opinião preconcebida dos adversários e concordaria, creio eu, em que esta inacessibilidade psicológica, esta tenacidade na desconfiança, não são traços puramente individuais causados pelo caráter acidental da pessoa, antes os contrastes gerais da educação e da profissão permitem avaliá-los. Esta desconfiança é mais invencível no campônio. A mania dos processos de que o acusam não é mais do que o produto de dois fatores que lhe foram distribuídos em maior escala do que a qualquer outro: – um enérgico sentimento de propriedade, para não dizer avareza, e a desconfiança.

Ninguém compreende o próprio interesse tão bem como ele, ninguém o segura com igual força, e no entanto ninguém, como se sabe, arrisca tantas vezes todos os seus haveres num processo.

Contradição aparente, mas em realidade coisa perfeitamente explicável!

Com efeito, é precisamente o sentimento da propriedade tão energicamente desenvolvido nele que lhe faz sentir tão fortemente a dor de uma lesão à sua propriedade e que torna tão mais viva a reação. A mania de questionar do campônio não é mais do que a aberração que a desconfiança causa no seu sentimento da propriedade, e que, como a que o ciúme causa no amor, acaba por voltar o seu esforço contra si própria e assim destrói precisamente o que queria salvar.

O direito romano antigo oferece-nos uma interessante constatação do que acabo de dizer.

A desconfiança do campônio, que em todo o conflito jurídico fareja a intenção perversa do adversário, tomou lá unicamente a forma de regras de direito.

Em toda a parte, mesmo nos casos em que cada uma das partes litigantes pode estar de boa-fé, a que sucumbe deve expiar por uma pena a resistência que opôs ao direito do adversário.

O sentimento jurídico excitado não se satisfaz com o simples restabelecimento do direito; reclama ainda uma satisfação particular para a contestação que, maldosamente ou não, o adversário tenha oposto ao seu direito.

Se os nossos camponeses de hoje tivessem de fazer o direito, seria ele provavelmente o mesmo que os dos seus confrades da antiga Roma. Mas mesmo em Roma a desconfiança foi vencida na origem pela civilização mediante a precisa distinção estabelecida entre as duas espécies de injustiça: – a injustiça criminosa e não criminosa, ou subjetiva e objetiva (a injustiça sem prevenção na frase de Hegel).

Esta distinção da injustiça subjetiva ou objetiva é tanto no ponto de vista legislativo como no ponto de vista científico, duma importância extraordinária.

Exprime bem a maneira por que o direito encara a questão sob o ponto de vista da justiça e a diferente medida que ele aplica às consequências da injustiça, segundo a natureza desta.

Para a concepção individual, ao contrário, para a forma por que o seu sentimento jurídico, que se não move atrás das noções abstratas e sistemáticas, é excitado pela injustiça que tenha sofrido, esta distinção só tem uma importância secundária.

Ainda que o conflito, segundo a lei, não diga respeito senão a uma simples lesão objetiva, as circunstâncias do caso particular podem ser tais, que o interessado tenha toda a razão de partir da suposição de uma intenção maldosa, de uma injustiça consciente da parte do adversário, e esta apreciação decidirá com razão a sua atitude em frente deste último.

Se contra o herdeiro do meu devedor, que ignora a dívida e exige antes de a pagar que eu a prove, o direito me dá, exatamente a mesma *conditio ex mutuo* que contra o próprio devedor que nega descaradamente o empréstimo ou se recusa sem fundamento a restitui-lo – isto não me impedirá de considerar muito diferentemente a conduta de um e a de outro, e de proceder em consequência da harmonia com a minha consideração.

O devedor, em minha consciência, encontra-se na mesma linha do ladrão, procura cientemente defraudar-me do que é meu; na sua pessoa existe a injustiça consciente que se dirige contra o meu direito.

O herdeiro do devedor, pelo contrário, equipara-se ao possuidor de boa-fé do que é meu, não contesta que ele próprio seja o devedor e tudo o que acima deixo dito do possuidor de boa-fé a ele se aplica.

Com ele posso transigir ou desistir, antes mesmo de intentar o processo, se não tenho como certo o resultado; mas frente a frente do devedor que procura defraudar-me do meu justo direito, que escula com o medo que eu possa ter de um processo, com o amor às minhas comodidades, com a minha indolência, com a minha fraqueza, é preciso que eu defenda o meu direito, custe o que custar; se o não faço, abandono-lhe não só *este* direito mas o direito todo.

Mas o povo, dir-se-á talvez, sabe então que o direito de propriedade e o de resistência são condições da existência moral da pessoa? Sabê-lo-á? De forma alguma, talvez; mas outra coisa é ver se ele tem o sentimento e eu espero demonstrar que efetivamente o tem.

Que sabe o povo, por exemplo, dos rins, dos pulmões, do fígado, como condições da vida física? No entanto sente qualquer uma dor viva nos pulmões, nos rins ou no fígado e logo compreende-o aviso que este mal lhe dirige.

A dor física é o sinal de uma perturbação no organismo, da presença de uma influência inimiga; abre-nos os olhos sobre o

Cap. 2 – A luta pelo direito é um dever do interessado para consigo próprio | 31

perigo que nos ameaça e pelo mal que essa dor nos causa adverte-nos da necessidade de tratamento.

Sucede exatamente o mesmo com a dor moral que causa a injustiça intencional, o despotismo.

De intensidade diferente, precisamente como a dor física, segundo a diferença da sensibilidade subjetiva, segundo a forma e o objeto da lesão (do que nos ocuparemos mais adiante), não se manifesta ela menos, como dor moral, em todo o homem que não está inteiramente embrutecido, isto é, que não está habituado aos golpes da ilegalidade, antes lhe provocam a mesma reação que a dor física, não esta reação tendente a pôr fim imediato ao sentimento da dor, mas a mais ampla e tendente a recobrar a saúde que enfraqueceria um sofrimento inativo. A dor moral recorda o dever da própria conservação moral, como a dor física faz lembrar o dever da conservação física.

Tomemos agora um caso menos duvidoso, como seja o da lesão de honra e a corporação em que o sentimento de honra atingiu um mais elevado grau de sensibilidade – a dos oficiais. Um militar que pacientemente suportou uma ofensa à própria honra incompatibilizou-se com a sua profissão. Por quê? Porque defender a honra é um dever para toda a gente.

Mas por que levarão os militares mais longe o cumprimento deste dever? Certamente porque sentem, e com razão, que a corajosa afirmação da personalidade é para eles precisamente uma condição indispensável à sua posição, e que um corpo que pela sua natureza deve ser a encarnação da coragem pessoal não saberia sofrer a pusilanimidade dos seus membros sem se rebaixar a si próprio.[4]

Compare-se entretanto o camponês; este homem, que defende a sua propriedade com uma tenacidade extrema, mostra uma estranha insensibilidade no que respeita à sua honra. Como se explica isto? Pelo mesmo sentimento exato das condições particulares da sua existência. A profissão do homem do campo

---

[4] Ideia desenvolvida no meu *Zweck im Recht*, t. II, p. 302 a 304 (2. ed., p. 304 a 306).

não lhe exige coragem, mas trabalho, e é este que ele defende tão afincadamente na propriedade.

O trabalho e a propriedade são a honra do campônio.

Um campônio mandrião que descure as suas terras ou que dissipe estouvadamente os seus bens é tão desprezado pelos da sua classe, como pelos colegas o é um militar que não seja cioso da sua honra.

Nenhum campônio censura outro por, em razão de uma injúria, não ter intentado uma pendência ou um processo, da mesma forma que nenhum militar recrimina outro por não ser um bom administrador.

Para o campônio o campo que cultiva e o gado que cria são a base de toda a sua existência, e contra o vizinho que por meio da charrua lhe tirou alguns pés de terra ou contra o marchante de gado que não lhe paga um boi, enceta ele a seu modo, isto é, por meio de um processo conduzido, a mais exasperada paixão, a mesma luta pelo direito que o militar sustenta de espada em punho contra aquele que atingiu a sua honra. Ambos se sacrificam sem reservas; as consequências, essas são-lhes absolutamente indiferentes. E afinal *devem* assim proceder, porque com isso nada mais fazem do que obedecer à lei particular da sua conservação moral.

Ora, ponham-se estes homens nas cadeiras dos jurados, submeta-se aos oficiais um delito contra a propriedade e aos camponeses um delito contra a honra, faça-se depois a prova inversa, e ver-se-á a diversidade dos seus julgamentos.

Está averiguado que não há juízes mais severos para os delitos contra a propriedade do que os camponeses, e ainda que pessoalmente não tenha a este respeito experiência alguma, eu apostava em como no caso certamente muito raro em que um camponês tivesse intentado uma ação por injúrias – o juiz teria muito menos dificuldade em lhe fazer aceitar propostas de transação do que numa ação dirigida pelo mesmo homem por uma questão do *meu* e do *teu*.

O camponês da Roma antiga contentava-se com 25 ases por uma bofetada, e, quando lhe haviam estoirado um olho, permitia

Cap. 2 – A luta pelo direito é um dever do interessado para consigo próprio | 33

que o assediassem e terminava por transigir em lugar de pagar na mesma moeda ao adversário.

Em compensação, porém, reclamava da lei o direito de guardar como escravo o ladrão que surpreendera em flagrante, mesmo de o matar se resistisse, e a lei lho consentia.

Além tratava-se exclusivamente da sua honra; aqui tratava-se dos seus bens, da sua fortuna.

Completemos a comparação com o exemplo do comerciante, o que é para o militar a honra. A manutenção do seu crédito é para ele uma questão de vida, e aquele que o acusa de negligência no cumprimento das suas obrigações, atinge-o duma maneira mais sensível do que se pessoalmente o injuriasse ou o roubasse.

É em razão desta situação particular do comerciante que os códigos modernos têm cada vez restringido mais e mais à sua pessoa e àqueles que lhe podem ser assemelhados, as penas de falência simples e de falência fraudulenta. Estas últimas explicações não têm por fim constatar que o sentimento jurídico apresenta uma sensibilidade diferente segundo a diversidade da posição e da profissão, visto que avalia o caráter ofensivo de uma lesão do direito unicamente pelo interesse que uma classe pode ter em não a sofrer. Este mesmo fato não deve servir-me senão para colocar no lugar próprio uma verdade de certa maneira importante, a qual é que dentro do seu direito defende cada interessado as condições morais da própria existência.

Nas três classes acima citadas manifesta-se a irritabilidade extrema do sentimento jurídico precisamente nos pontos que devemos reconhecer como oferecendo as condições de vida particulares a estas classes, e isso prova que a reação do sentimento jurídico não se determina como uma emoção ordinária, segundo a natureza especial do temperamento e do caráter, mas que contém em si um elemento social: o sentimento do caráter necessário de qualquer instituição jurídica determinada pelo fim particular da vida destas classes. O grau de energia com que o sentimento jurídico reage contra uma lesão do direito é a meus olhos uma medida certa da força com que um indivíduo, uma classe ou um povo compreende, por si e pelo fim especial da sua vida, a importância do direito, tanto do direito em geral, como de uma instituição isolada do direito.

Esta ideia é, segundo me parece, de uma verdade absolutamente universal e aplica-se tanto ao direito público como ao direito privado. A mesma suscetibilidade que manifestam as diversas classes relativamente à lesão de todas as instituições que constituem fundamentalmente a base da sua existência observa-se igualmente entre os diversos Estados em relação às instituições em que se manifesta realizado o princípio particular da sua vida.

O termômetro da suscetibilidade e por isso mesmo a medida do valor que os Estados ligam a estas instituições, é o *direito criminal*. O contraste surpreendente que existe entre as legislações penais, pelo que diz respeito à doçura e à severidade das penas, explica-se em grande parte por esta consideração das condições de vida. Cada Estado pune mais severamente os delitos que ameaçam o seu princípio vital particular, ao passo que para os outros mostra uma indulgência tal, que por vezes manifesta um contraste bem extraordinário.

A Teocracia faz do sacrilégio e da idolatria um crime capital, enquanto por outro lado não vê no deslocamento de marcos senão um simples delito (direito mosaico).

O Estado agrícola pelo contrário persegue este delito com o último rigor, ao passo que só pune os blasfemadores com uma leve penalidade (direito antigo de Roma).

O Estado comerciante colocará em primeira plana a falsificação da moeda e as falsidades em geral; o Estado militar ali colocará a insubordinação, as faltas de disciplina, etc.; o Estado absoluto, os delitos de lesa-majestade, e a república, as pretensões à realeza.

Todos pois tratarão os delitos a que maior importância dão com um rigor que forma um flagrante contraste com a maneira por que perseguem os outros delitos. Em resumo: – a reação do sentimento jurídico dos Estados e dos indivíduos atinge a maior

Cap. 2 – A luta pelo direito é um dever do interessado para consigo próprio | 35

vivacidade sempre que uns e outros se sintam imediatamente ameaçados nas condições particulares da sua existência.[5]

Se as condições particulares de vida de uma classe ou duma profissão podem atribuir a certas instituições do direito uma maior importância e exagerar por consequência a sensibilidade do sentimento jurídico nas violações destas instituições – podem também determinar um enfraquecimento.

A classe dos serviçais não pode conservar o sentimento da honra da mesma forma que as outras camadas da sociedade; a sua posição expõe a certas humilhações contra as quais o indivíduo isolado se revolta em vão, durante um tempo mais ou menos longo, em que a classe as vai suportando; a um indivíduo nesta posição, dotado de um vivo sentimento da sua honra, nada mais resta do que baixar as suas pretensões no nível das dos seus colegas ou renunciar à sua profissão. Somente quando igual maneira de ver se torna geral, se abrirá para o indivíduo isolado a perspectiva de não mais esgotar a força em lutas estéreis, mas de a consagrar utilmente, de acordo com aquelas que todos mesmos sentimentos estiverem animados, a realçar o nível da honra profissional; para então, espero, não somente o sentimento subjetivo da honra, mas também o seu reconhecimento objetivo da parte das outras classes da sociedade e da legislação.

Sob este ponto de vista, a posição dos serviçais melhorou notavelmente nos cinquenta últimos anos.

O que disse da honra aplica-se igualmente à propriedade.

A suscetibilidade pelo que diz respeito à propriedade, o verdadeiro sentimento da propriedade pode também enfraquecer sob a influência de circunstâncias e de afinidades nocivas.

E aqui pretendo falar não da avidez de adquirir, da caça ao dinheiro e aos bens, mas desse sentimento viril do proprietário, de que já citei como exemplo típico o camponês, do proprietário que defende os seus bens, não porque sejam objeto de valor, mas porque são os *seus bens*.

---

[5] Os legistas sabem que nas observações acima expostas eu não fiz mais do que utilizar a ideia que MONTESQUIEU (*Espírito das Leis*) teve o imperecível mérito de primeiro do que ninguém reconhecer e formular.

Ouve-se às vezes dizer: – que há de comum entre a minha propriedade e a minha pessoa?

Aquela serve-se de meio de prover às necessidades da vida, de adquirir, de gozar; mas se não há o dever moral de dar caça ao dinheiro, não há vantagem em começar por uma bagatela um processo que custa tempo, dinheiro e perturba a minha tranquilidade O único motivo que deve guiar-me na defesa jurídica do meu patrimônio é o mesmo que me determina na sua aquisição e no seu uso – o meu interesse –; um processo do *meu* e do *teu*, é uma pura questão de interesse.

Pela minha parte não posso ver numa tal concepção da propriedade, mais do que uma degeneração do sentimento são da propriedade, cuja causa não posso encontrar, senão uma deslocação das suas bases naturais. Não incrimino aqui nem a riqueza nem o luxo, nos quais não descubro nenhum perigo para o sentimento do direito entre o povo, mas a imoralidade do lucro. A fonte histórica e a justificação moral da propriedade é o trabalho. E por trabalho entendo não somente o das mãos e dos braços, mas também o do espírito e do talento e reconheço um direito ao produto do trabalho não somente ao próprio trabalhador, mas também aos seus herdeiros. Por outros termos, vejo no direito de sucessão uma consequência necessária do princípio do trabalho, porque julgo bem que se não saberia recusar ao trabalhador o direito de renunciar a gozar e de transmitir a outros, depois da morte, assim como durante a vida.

A propriedade não pode conservar-se sã e vivaz senão por uma contínua conexão com o trabalho.

É nesta fonte somente, onde ela incessantemente se regenera e vivifica, que mostra clara e lucidamente, até ao fundo, o que é para o homem. Mas quanto mais a corrente se distancia desta fonte, para descer nas regiões do ganho fácil e mesmo isento de toda a dificuldade – tanto mais turva se torna até que afinal perde no lodo do jogo de bolsa e nas velhacarias da agiotagem todo o traço do que era na origem. Quando as coisas estão neste estado, quando os restos da ideia moral da propriedade têm desaparecido, é evidente que não pode ser uma questão do dever moral defendê-la; deixa até de existir a inteligência do sentimento da propriedade, tal

Cap. 2 – A luta pelo direito é um dever do interessado para consigo próprio | 37

como vive na alma de todo o homem que deve ganhar o pão com o suor do seu rosto.

A desgraça é que os caprichos e os hábitos da vida gerados por tais causas se difundem pouco a pouco nas classes em que não seriam produzidas espontaneamente sem contacto.[6]

Pode nas cabanas observar-se, por comparação, a influência dos milhões adquiridos no jogo da bolsa e homens há, que transplantados para um outro meio, teriam compreendido pela própria experiência a condição que repousa sobre o trabalho mas que, sob a influência enervante duma semelhante atmosfera, nele jamais viram senão uma maldição.

O comunismo só prospera nos pântanos onde a ideia da propriedade está dissolvida; na origem da corrente não se conhece.

Podem verificar-se no campo, em um sentido diametralmente oposto, fatos de experiência segundo os quais a maneira por que as classes dirigentes encaram a propriedade não se restringe exclusivamente a elas, antes se comunica também às outras classes da sociedade.

Salvo o caso de se colocar fora das relações com os camponeses, aquele que vive continuamente no campo tomará involuntariamente, sem mesmo as relações e a sua personalidade o impelirem a isso – alguma coisa do sentimento da propriedade da economia do camponês.

Um mesmo homem, tipo médio e com caracteres semelhantes à maioria, tornar-se-á econômico se vive com camponeses, e dissipador, numa cidade como Viena, se vive com milionários.

Qualquer que seja afinal a causa do referido enfraquecimento do caráter que por amor das comodidades se subtrai à luta pelo direito, e ainda que durante muito tempo o valor do objeto não excite à resistência, basta para nós reconhecê-lo e assinalá-lo tal como se nos apresenta. A filosofia prática da vida que ele

---

[6] Encontra-se um exemplo interessante nas pequenas cidades universitárias alemãs, que vivem principalmente dos estudantes. Os gostos e os hábitos gastadores destes últimos comunicam-se insensivelmente à população civil.

recomenda não é mais do que a Política da cobardia. O cobarde que foge do campo da batalha salva precisamente o que os outros sacrificam – a vida; mas salva-a à custa da própria honra.

Somente as circunstâncias que os outros têm em consideração o salvam e ele e à sociedade das consequências que a sua maneira de proceder deveria inevitavelmente arrastar.

Se todos como ele pensassem – todos estariam também perdidos. O mesmo sucede com o cobarde abandono do direito.

Inofensivo como ato de um só, produziria a ruína do direito se viesse a tornar-se a regra das ações.

Sob este ponto de vista mesmo a aparência inofensiva de uma tal maneira de proceder apenas se compreende por não prejudicar quase nada a luta do direito contra a injustiça. Esta luta, com efeito, não se restringe aos indivíduos, mas nos estados adiantados o poder público toma nela a maior parte porque persegue oficialmente e pune as infrações graves contra o direito dos indivíduos, contra a sua vida, pessoa ou fortuna. A polícia e o juízo criminal empregam antecipadamente por causa dessa infração uma grande soma de trabalho.

Mesmo para as lesões de direito cuja acusação fica exclusivamente entregue aos particulares, está providenciado para que a luta não seja abandonada porque ninguém segue a política do cobarde, antes toda a gente se interessa pela sorte dos combatentes principalmente quando o objeto de litígio triunfa sobre todos os incômodos que deles resultam.

Mas suponhamos circunstâncias em que desaparecesse a proteção que o indivíduo encontra na polícia e na lei criminal; coloquemo-nos numa época em que como na antiga Roma a acusação do ladrão e do desordeiro era trabalho exclusivo do lesado; quem deixará de ver onde deveria ter conduzido este abandono do direito? – ao incitamento dos ladrões e dos desordeiros. Exatamente o mesmo sucede na vida dos povos.

Como povo com efeito está entregue a si próprio; nenhum poder superior o desobriga do cuidado de defender os seus direitos e basta que eu invoque o exemplo dado da légua quadrada de terreno para mostrar as consequências que para a vida dos

Cap. 2 – A luta pelo direito é um dever do interessado para consigo próprio | **39**

povos teria a aplicação da teoria que pretende medir a resistência contra a injustiça pelo valor material do objeto em litígio.

Ora, é impossível que uma máxima que se mostra insustentável e tende para a morte, em toda a parte onde se põe à prova, pelo aniquilamento do direito, seja reconhecida exata, mesmo quando por exceção às suas funestas consequências se encontram neutralizadas a favor de outras circunstâncias. Em qualquer ocasião se poderia mostrar a funesta influência que essa máxima exerce mesmo num desses casos relativamente favoráveis. Rejeitamos, portanto, repelindo para longe esta moral cômoda que nenhum povo, nem indivíduo algum de senso jurídico são, jamais fez sua.

Ela é a marca e o testemunho de um sentimento jurídico mórbido e impotente; não é afinal outra coisa mais do que o puro e grosseiro materialismo no domínio do direito.

Tem é certo neste domínio a sua plena razão de ser, mas só dentro de certos limites. Adquirir o direito, usá-lo, defendê-lo, não é, quando se trata de uma injustiça puramente objetiva mais do que uma questão de interesse; o interesse é o foco prático do direito, no sentido subjetivo. Mas em presença do absolutismo que levanta o braço contra o direito, este ponto de vista materialista que confunde a questão do direito com a do interesse perde todo o valor, porque o golpe que o absolutismo vibra sobre o direito não pode atingi-lo sem ferir conjuntamente a pessoa. Pouco importa o que forma o objeto do meu direito. Se um simples acaso o tivesse arrojado à esfera do meu direito, poderia fazer-se talvez sair sem me lesar. Mas não é o caso, é a minha vontade quem atou um laço entre mim e ele, à custa de um trabalho prévio de mim próprio ou de terceiro. É um trabalho anterior, próprio ou estranho, que nele possuo e defendo.

Fazendo-o meu, imprimi-lhe um sinete da minha personalidade: quem o toca, toca esta última; o golpe que se lhe vibre atinge-me a mim também porque estou nele; a propriedade não é mais do que a periferia dá minha pessoa estendida aos objetos.

Esta conexão do direito com a pessoa confere a todos os direitos, de qualquer natureza que sejam, este valor incomensurável que designarei pelo nome de valor *ideal*, para o distinguir do valor, puramente substancial, que os direitos têm sob o ponto de vista do interesse. É afinal esta íntima afinidade que produz essa abnegação, essa energia na defesa do direito que várias vezes tenho descrito. Esta concepção ideal do direito não constitui um privilégio das naturezas de *élite*; a mais grosseira compreende-a tão bem como a mais refinada; a mais rica como a mais pobre; os povos selvagens como as mais civilizadas nações; e é precisamente isso que nos patenteia o quanto este idealismo é fundado sobre a mais íntima essência do direito: não é mais do que o vigor do sentimento jurídico.

O direito que, por um lado, parece acorrentar os homens às baixas regiões do egoísmo e do cálculo, eleva-os por outro a uma altura ideal, onde eles esquecem todas as sutilezas, todos os cálculos a que se tenham habilitado e a escala da utilidade que até então lhe servira para tudo por ela medir, para combaterem exclusiva e puramente por uma *ideia*.

Prosa na região das coisas meramente materiais, transforma-se o direito em poesia na esfera pessoal, na luta para defender a – Personalidade: – *a luta pelo direito é a poesia do trabalho*.

E que é então que produz todas estas maravilhas?

Não é a experiência, nem a educação, mas o simples sentimento da dor. A dor é o grito de alarde e a chamada de socorro da natureza ameaçada. Isto é verdade tanto para o organismo moral, como para o organismo físico.

A patologia do sentimento jurídico é para o jurista e para o filósofo (ou, melhor, deveria ser porque seria falso sustentar que assim seja) o que a patologia do organismo humano é para os médicos. Nela se encontra todo o segredo do direito. A dor que o homem experimenta, quando é lesado no seu direito, contém o reconhecimento espontâneo, instintivo, e violentamente arrancado, do que é o seu direito, primeiro para ele, indivíduo, em seguida para a sociedade humana. A verdadeira natureza e a essência pura do direito revelam-se mais completamente nesse só momento, do que durante longos anos de pacífica fruição. Aquele que por si ou por outrem nunca experimentou essa dor, não sabe o que é o direito, embora tenha de cabeça todo o *corpus juris*.

Porque não é a razão mas o sentimento que pode exclusivamente resolver esta questão; e assim a linguagem rotulou bem a primordial fonte psicológica do direito, chamando-a – o sentimento jurídico.

Consciência do direito, convicção jurídica, são abstrações da ciência que o povo não compreende; a força do direito reside no sentimento, exatamente como a do amor; a razão e a inteligência não podem substituir o sentimento quando este falta.

Mas pela mesma forma por que muitas vezes não se conhece o amor, bastando um só momento para lhe dar plena consciência de si próprio, também o sentimento jurídico não sabe regularmente, *a priori*, o que é e o que contém, mas a lesão jurídica é a provocação que o obriga a falar, que faz brilhar a sua verdade e a sua força.

Eu já disse muitas vezes em que consiste esta verdade: – o direito é a condição da existência moral da pessoa; a defesa do direito constitui, portanto, a conservação moral da mesma.

A violência com que o sentimento reage contra a lesão que lhe é causada é a pedra de toque do seu vigor.

A intensidade da dor que experimenta ensina-lhe o valor que liga ao objeto ameaçado.

Mas ressentir-se da dor sem tirar proveito do aviso que ela dá para afastar o perigo, suportá-la pacientemente sem se defender, é a negação do sentimento jurídico.

As circunstâncias podem desculpá-la, talvez, num caso particular, mas mais tarde essa negação não pode deixar de acarretar as mais funestas consequências para o próprio sentimento jurídico. Com efeito, a essência deste é precisamente a ação; sempre que dela se abstenha, irá definhando, insensibilizando-se pouco a pouco até perder quase inteiramente o sentimento da dor.

A excitabilidade – faculdade de sentir a dor causada pela violação do direito – e a energia, isto é, a coragem, a resolução de repelir o ataque, são a meus olhos os dois critérios do vigor do sentimento jurídico.

Devo desistir de desenvolver aqui mais amplamente o tema, tão interessante como fecundo, da patologia do sentimento jurídico, mas no entanto permitam-se-me ainda algumas indicações.

A excitabilidade do sentimento jurídico não é a mesma entre todos os indivíduos; diminui ou aumenta na medida segundo a qual um indivíduo, uma classe ou um povo, considera o direito ou uma instituição de direito como uma condição moral da sua existência. Já a estabeleci mais atrás relativamente à propriedade e à honra.

Acrescentarei agora o casamento.

Quantas reflexões a fazer sobre a maneira por que os indivíduos, os povos, as legislações encaram o adultério!

O segundo elemento do sentimento jurídico – a energia –, é uma pura questão de caráter.

A atitude de um homem ou de um povo em presença de um ataque dirigido contra o seu direito é a mais segura pedra de toque do seu caráter. Se nós entendemos por caráter a personalidade plena, repoisando sobre si própria e defendendo-se, não há melhor ocasião para julgar esta preciosa qualidade do que quando o déspota ataca a pessoa ao mesmo tempo que o direito. As formas que nesta ocorrência toma a reação do sentimento do direito e da personalidade, quer sob a influência da dor essa reação se traduza em vias de fato brutais e arrebatadas, quer se manifeste por uma resistência ponderada mas tenaz, não podem de forma alguma servir para calcular a intensidade do sentimento jurídico e não poderia cometer-se erro maior do que atribuir ao povo selvagem ou ao homem sem educação, para quem a primeira destas formas é a forma normal, um sentimento jurídico, mais vivaz do que ao homem civilizado que toma o segundo partido. As formas são mais ou menos uma questão de educação e de temperamento; a firmeza, a inflexibilidade e a durabilidade da resistência valem tanto como a brutalidade, a violência e a paixão.

Desgraça seria se de outra forma acontecesse. Os indivíduos e os povos perderiam em sentimento jurídico à medida que ganhariam em civilização. Um olhar sobre a história e sobre a vida civil basta para nos provar o contrário. A riqueza e a pobreza não são antecipadamente decisivas em tal matéria.

Por mais diferente que seja a medida econômica, segundo a qual o rico e o pobre avaliam as coisas, nenhuma influência tem ela quando se trata do menosprezo do direito, porque nós já vimos atrás que não se trata aqui do valor material de um objeto; mas do valor ideal do direito, da energia do sentimento jurídico na sua aplicação especial ao patrimônio, e não é a composição do patrimônio mas a natureza do sentimento jurídico que faz aqui pender a balança.

A melhor prova é-nos fornecida pelo povo Inglês; a sua riqueza não tem prejudicado o seu sentimento jurídico e muitas ocasiões temos tido, no continente, de nos convencer da energia com que esse sentimento se afirma, até nas mais simples questões de propriedade, como no exemplo considerado típico do inglês em viagem que resiste a uma velhacaria do dono do hotel ou do cocheiro com tamanha virilidade como se se tratasse de defender o direito da velha Inglaterra, que adia se for preciso a partida e fica muito mais dias no mesmo sítio despendendo dez vezes mais do que a quantia que se recusa a pagar.

O povo ri e não compreende isto; – prouvera a Deus que o compreendesse.

Porque em alguns francos que este homem defende, encontra-se na realidade encerrada a própria velha Inglaterra; lá longe, no seu país, compreende cada qual o seu direito e ninguém tenta sequer prejudicá-lo assim, tão facilmente.

Agora suponhamos um austríaco da mesma condição e da mesma fortuna, colocado na mesma situação; como procederá ele?

Segundo a minha experiência a tal respeito, não haverá dez por cento que sigam o exemplo do inglês.

Os outros temerão os dissabores da questão, o escândalo, as falsas interpretações a que podem expor-se, interpretações aliás a que um inglês em Inglaterra não deve recear mas que também o não inquietam entre nós; em resumo, afinal pagam.

Mas no franco que o inglês recusa e que o austríaco paga, há mais do que se crê; há alguma coisa da Inglaterra e da Áustria; há a história secular do seu desenvolvimento político e da sua vida social.[7]

Procurei até aqui explicar a primeira das duas proposições acima estabelecidas: a luta pelo direito é dever do interessado para consigo próprio. Examinemos agora a segunda proposição.

---

[7] Desejo bem que neste ponto não se esqueça que a conferência de que foi extraído este trabalho foi feita em Viena, onde o paralelo apresentado tinha toda a razão de ser.

Muitos o têm deslocado e alguns o interpretaram mal. Em lugar de compreender que estas palavras me foram inspiradas pelo mais caloroso interesse pelos nossos irmãos austríacos e pelo desejo de contribuir com os meus fracos recursos para reforçar entre eles o sentimento jurídico, atribuíram-me sentimentos malévolos dos quais pode estar mais alheado do que eu, que, depois dos meus quatro anos de professorado na Universidade de Viena, de lá parti com os sentimentos do mais profundo reconhecimento. Alimento, porém, a convicção de que o motivo que me guiou nas explicações dadas e os sentimentos de que esse motivo é expressão serão cada vez mais justamente apreciados pelos meus leitores vienenses.

A DEFESA DO DIREITO É UM DEVER PARA COM A SOCIEDADE

Para justificar esta proposição, sou obrigado a examinar um pouco mais de perto a relação do direito no sentido objetivo com o direito no sentido subjetivo.

Em que consiste esta relação? Creio reproduzir fielmente a ideia corrente dizendo: o primeiro forma a condição do segundo; não existe direito concreto senão onde existirem condições pelas quais a regra jurídica abstrata consolida a existência desse direito. Eis aqui tudo o que a teoria dominante encontra para nos dizer.

Mas essa teoria despreza completamente um lado da questão; preocupa-se exclusivamente com a dependência do direito concreto em face do direito abstrato; perde de vista que uma semelhante relação de dependência existe igualmente no sentido perfeitamente oposto.

O direito concreto não recebe somente a vida e a força do direito abstrato, mas *devolve-lhas* por sua vez.

A essência do direito é a realização prática.

Uma regra do direito que jamais foi realizada ou que deixou de o ser, não merece mais este nome, transformou-se numa rodagem inerte que não faz mais trabalho algum no mecanismo do direito e que se pode retirar sem que disso resulte a menor transformação.

Esta proposição é verdadeira, sem exceção alguma, em todos os ramos do direito, do direito público como do direito criminal ou privado, e o direito romano sancionou-a expressamente reconhecendo a *dessuetudo* como causa de abolição das leis.

Daí resulta a perda dos direitos concretos como consequência do não uso prolongado (*non usus*).

Ora, ao passo que a realização jurídica do direito público e do direito criminal se tornou um dever das autoridades públicas, a realização do direito privado foi restringida à forma de um direito dos particulares, isto é, exclusivamente abandonada à sua iniciativa e à sua espontaneidade.

No primeiro caso é preciso para a realização jurídica da lei que as autoridades e os funcionários do Estado cumpram o seu dever, no segundo caso é preciso que os particulares defendam o seu direito.

Se num qualquer caso, por ignorância, por preguiça, ou por cobardia, estes últimos ficam constantemente e geralmente inativos, a regra de direito encontra-se de fato paralisada.

Podemos portanto dizer: a realidade, a força prática das regras do direito privado revela-se na defesa dos direitos concretos, e se por um lado estes últimos recebem a vida da lei, por outro lado restituem-lha por sua vez. A relação entre o direito objetivo ou abstrato com os direitos subjetivos ou concretos lembra a circulação do sangue, cuja corrente parte do coração para ali voltar.

A realização dos princípios de direito público depende da fidelidade dos funcionários no cumprimento dos seus deveres; a das regras do direito privado, da eficácia dos motivos que levam o interessado a defender o seu direito: o seu interesse e o seu sentimento jurídico. Se estas forças motrizes recusam os seus serviços, se o sentimento jurídico é débil e embotado, e se o interesse não tem poder suficiente vencer a preguiça, a aversão contra as questões, e o medo dos processos, resulta simplesmente que a regra de direito nunca é aplicada.

Que importa? Objetar-me-ão; não é o próprio interessado o único a sofrer? Mas eu invoco o exemplo de que por mais de uma vez já me servi: a fuga de um só, do campo da batalha.

Cap. 3 – A defesa do direito é um dever para com a sociedade | 47

Quando mil homens têm de dar combate, o desaparecimento de um só pode passar despercebido; mas quando cem dentre eles abandonam a bandeira, a posição daqueles que ficam fiéis torna-se cada vez mais crítica; todo o peso da luta recai sobre eles exclusivamente. Este exemplo mostra exatamente, segundo creio, o verdadeiro estado das coisas.

Em matéria de direito privado há igualmente uma luta contra a injustiça, uma luta comum a toda a nação na qual todos devem ficar firmemente unidos. Aqui igualmente aquele que foge comete uma traição contra a causa comum, porque aumenta a força do inimigo, fazendo-lhe aumentar a sua segurança e à sua audácia.

Quando o arbítrio e a ilegalidade se aventuram audaciosamente a levantar a cabeça, é sempre um sinal certo de que aqueles que tinham por missão defender a lei não cumpriram o seu dever. Ora, em direito privado cada um na sua posição tem a missão de defender a lei; cada um na sua esfera é chamado para ser o guarda e o executor da lei. O direito concreto que lhe compete pode conceber-se como uma autorização que lhe é outorgada pelo Estado de entrar na lição pela lei e de repelir a injustiça no limite da esfera dos seus interesses.

É uma missão condicional e especial, diferentes da missão geral e sem condições que incumbe aos funcionários.

Quem defende o seu direito, defende também na esfera estreita deste direito, *todo o direito*. O interesse e as consequências do seu ato dilatam-se portanto muito para lá da sua pessoa.

O interesse geral a que então se liga não é somente o interesse ideal de defender a autoridade e a majestade da lei, mas é o interesse muito real, muito prático, que em todos se manifesta e todos também compreendem, mesmo aqueles que daquele primeiro interesse não têm a menor inteligência, em que a ordem estabelecida da vida social, na qual cada um pela sua parte é interessado, seja assegurada e mantida.

Desde que o patrão se não resolva nunca a aplicar os regulamentos do trabalho, desde que o credor se não decida nunca a penhorar o seu devedor, e que o público que merca se não atreva a exigir pesos exatos e a observância das taxas, não é somente a autoridade ideal da lei que está comprometida, mas é a ordem real da vida civil que está comprometida, e será então difícil dizer até onde poderão chegar as consequências funestas.

Quem sabe se todo o sistema do crédito se não encontrará atingido; porque então quando deveria contar com questões e contestações para realizar o meu direito evidente, procurarei de preferência evitá-las.

O meu capital seguirá o caminho do estrangeiro e eu comprarei as minhas mercadorias aos estrangeiros primeiro do que aos nacionais.

Em idênticas circunstâncias, a sorte daqueles que têm a coragem de efetivar a aplicação da lei torna-se um verdadeiro martírio; o enérgico sentimento do direito que lhe não permite ceder o lugar ao arbítrio transforma-se para eles em uma verdadeira maldição.

Abandonados de todos os que eram seus aliados naturais, ficam isolados em presença da ilegalidade secundada pela apatia e cobardia gerais, e quando à custa de rudes sacrifícios têm conseguido ao menos a satisfação de haverem ficado fiéis a eles próprios, não recolhem regularmente, em vez de reconhecimento, mais do que zombarias e desprezo!

A responsabilidade de tais estados de coisas não recai sobre a parte da população que infringe a lei, mas sobre a que não tem a coragem de a defender.

Não se deverá então acusar a injustiça por infringir o direito, mas este por consentir pacientemente que o infrinja a injustiça; e se eu tivesse de apreciar, segundo a sua importância para as relações, as duas máximas: *nunca façais uma injustiça e nunca sofrais uma injustiça*, apresentaria como primeira regra: nunca sofrais injustiça, e como segunda: nunca a pratiqueis.

Com efeito, se considerarmos o homem tal como ele é realmente, a certeza de bater contra uma resistência firme e resoluta da parte do interessado, dissuadi-lo-á mais facilmente de cometer uma injustiça do que uma disposição de lei que, abstraindo do referido obstáculo, não possui no fundo mais do que a força de um simples preceito de moral. Será um exagero dizer, agora, que sustentar que a defesa do direito concreto

Cap. 3 – A defesa do direito é um dever para com a sociedade | **49**

atacado não é somente um dever do interessado para consigo mesmo, mas também um dever para com a sociedade?

Se é verdade, como tenho explicado, que no seu direito defende ao mesmo tempo a lei, e na lei a ordem indispensável da comunidade, quem contestará que esta defesa lhe compete como um dever para com a sociedade?

Se esta pode chamá-lo a marchar contra o inimigo, expondo o corpo e a vida, se cada um tem o dever de defender contra o estrangeiro os interesses comuns, não será tudo isto verdadeiro também para o interior, e não deverão todos os homens razoáveis e corajosos reunir-se e harmonizar-se solidariamente contra o inimigo interior da mesma forma que contra o inimigo exterior?

E se na luta contra o estrangeiro uma fuga cobarde é uma traição à causa comum, poderemos nós dizer que na hipótese presente seja coisa diferente?

O direito e a Justiça só prosperam num país, quando o juiz está todos os dias preparado no tribunal e quando a polícia vela por meio dos seus agentes, mas cada um deve contribuir pela sua parte para essa obra.

Toda a gente tem a missão e obrigação de esmagar em toda a parte, onde ela se erga, a cabeça da hidra que se chama o arbítrio e a ilegalidade.

Todos aqueles que fruem os benefícios do direito devem também contribuir pela sua parte para sustentar o poder e a autoridade da lei; em resumo, *cada qual é um lutador nato, pelo direito, no interesse da sociedade.*

Inútil é fazer ressaltar quando, por esta concepção, se encontra nobilitada a missão do particular, relativamente à defesa do seu direito. Tal concepção substitui a atitude puramente egoísta e receptiva em face da lei, tal como a nossa teoria atual a ensina, por uma relação de reciprocidade na qual o interessado restitui, em toda a sua amplitude, o serviço que a lei lhe presta.

Reconhece-lhe a missão de cooperar numa grandiosa tarefa nacional. E pouco importa que ele próprio como tal a conceba. Porque o que existe de grande e de elevado na ordem moral do mundo é precisamente que não há que contar só com os serviços daqueles que os compreendem, mas que ela possui meios eficazes, em enorme quantidade, para forçar a cooperação nessa ordem, sem o saber e sem o querer, até àqueles que não compreendem os seus mandados. Para forçar os homens ao casamento move-se, relativamente a um, o mais nobre de todos os impulsos humanos; a outro, os grosseiros apetites dos sentidos; a um terceiro, o amor das suas comodidades; a um quarto, a ambição, mas todos estes motivos conduzem ao casamento.

Também na luta pelo direito embora um seja impelido pelo mais prosaico interesse, outro pela dor de uma sofrida injustiça, um terceiro pelo sentimento do dever ou pela ideia do direito, não deixam todos eles de dar a mão para trabalhar numa obra comum: – a luta contra o arbítrio.

Aqui atingimos o ponto culminante ideal da luta pelo direito. Partindo do motivo vulgar do interesse, elevamo-nos ao ponto de vista da conservação moral da pessoa, para atingir, afinal, o da cooperação do indivíduo na obra comum da realização da ideia do direito.

No *meu* direito, compreende-se todo o direito que é violado e contestado; é esse que é defendido, sustentado e restabelecido.

Que elevada importância adquire assim a luta do indivíduo pelo seu direito! E quanto este interesse ideal, porque é geral, está acima da baixa região do puro individualismo, dos interesses, dos intentos egoístas e das paixões pessoais, nos quais o ignorante vê os únicos determinantes da luta pelo direito!

Mas este ideal, dir-se-á, está colocado tão alto que não é perceptível senão para a filosofia do direito; ninguém sustenta um processo por amor à ideia do direito.

Para refutar tal asserção, poderia recorrer ao direito romano, onde a realidade efetiva deste sentimento ideal recebeu a mais clara expressão na instituição das ações populares[1] mas séria-

---

[1] Para aqueles meus leitores que não conhecem direito, notarei que estas ações (*actiones populares*) davam a todos que o queriam ocasião de se constituírem defensores da lei e de pedir contas àqueles que a afrontavam, não somente nos casos em que estavam implicados interesses do público em geral e por consequência também do demandista, como, por exemplo, em caso de desvio ou de

Cap. 3 – A defesa do direito é um dever para com a sociedade | 51

mos injustos para com o presente se quiséssemos contestar-lhe este sentimento ideal. Todo o homem que sente alguma indignação, alguma cólera moral à vista da violência feita ao direito pelo despotismo possui incontestavelmente este sentimento. Porque enquanto no sentimento que provoca a lesão do direito quando nós próprios a sofremos se mistura um motivo egoísta, o sentimento que um estranho sente têm a sua base exclusiva na força moral da ideia do direito sobre o coração humano. É o protesto e uma natureza moral enérgica contra o ultraje ao direito, o testemunho mais belo e mais elevado que de si pode dar o sentimento jurídico; – é um fenômeno moral tão atraente e tão fecundo para o psicólogo como para o poeta.

Não há, que eu saiba, outro sentimento que possa provocar assim subitamente no homem uma tão profunda transformação.

Sabe-se, com efeito, que precisamente os temperamentos mais doces e mais pacíficos têm então arrebatamentos de paixão a que, são, em todos os outros casos, absolutamente alheios, – prova de que são atingidos no que têm de mais nobre, na sua mais íntima essência. É o fenômeno da tempestade no mundo moral.

É sublime, majestoso nas suas formas, pela instantaneidade, impetuosidade, intensidade da sua manifestação, pelo poder desta força moral que, semelhante a um furacão ou aos

---

embaraço de uma passagem pública, mas ainda quando se tratava de uma injustiça cometida contra um particular que não podia eficazmente defender-se, como, por exemplo, em caso de prejuízo causado a um menor num ato jurídico, no caso de infidelidade do tutor, de extorsão de interesses usurários. Vide sobre estes casos e de outros análogos o Espírito do Direito Romano, t. IV, p. 112 e segs. Estas ações continham portanto uma provocação a este sentimento ideal que, sem interesse algum próprio, defende o direito unicamente pelo direito; algumas igualmente provocam o móbil vulgar da ambição, prometendo ao demandista certas quantias a obter, a título de multa do demandado, mas por causa disso precisamente pesava sobre elas ou antes sobre o seu exercício a título de indústria, o mesmo desfavor que entre nós sobre as denúncias feitas com o fim de obter prêmios.

Acrescentando eu que a maior parte das ações desta segunda categoria haviam já desaparecido no último estado do direito romano e que as restantes desapareceram do nosso direito atual, todos os leitores saberão a conclusão a tirar: é que o sentimento da utilidade pública em que se baseavam desapareceu também.

elementos em fúria, se desencadeia e derruba tudo o que encontra na frente, mas cujos efeitos benéficos e purificadores produzem para o indivíduo assim como para o mundo uma aberta na atmosfera moral. Mas se a força limitada do indivíduo se despedaça de encontro a instituições que fornecem ao despotismo o apoio que recusam ao direito, então a tempestade estala sobre o seu próprio responsável a quem fica reservada a sorte do *criminoso* lesado no seu sentimento jurídico, a que me referirei bastas vezes, ou a sorte, não menos trágica, do homem que sente constantemente no coração a aguilhada da injustiça aguentada por impotência e pouco a pouco vai perdendo a vida moral e a fé no direito.

Admito que o sentimento ideal do homem que se ressente mais vivamente do ultraje e do insulto à ideia do direito do que à lesão pessoal, e que, sem interesse pessoal algum, se faz campeão do direito oprimido como se fosse o seu próprio, – forma um privilégio das naturezas de *élite*. O homem de sentimento frio e incapaz de todo o impulso ideal tem no entanto a inteligência plena da relação que estabeleci entre o direito concreto e a lei, e que resumi nesta proposição: – o meu direito é o direito; no meu direito está o direito que é lesado e defendido. É na aparência um paradoxo, mas uma verdade em todo o caso, o dizer-se que é precisamente ao jurista que esta concepção é menos familiar.

A lei, segundo a ideia do jurista, não tem absolutamente nada com a luta pelo direito concreto; não é pela lei abstrata que se prossegue com pertinácia na luta, mas pela sua encarnação em um direito concreto, de certa maneira pela fotografia em que a lei está fixada mas na qual não é imediatamente atingida.

Reconheço a necessidade técnica e jurídica desta ideia; mas esta concepção não deve impedir-nos de reconhecer a legitimidade da concepção oposta que, colocando na mesma linha, a lei e o direito concreto, vê numa violação deste um ataque àquela.

Para todo o espírito sem juízo antecipado, esta última concepção é infinitamente mais exata do que a primeira.

A melhor prova disso é a expressão que na linguagem recebeu.

Cap. 3 – A defesa do direito é um dever para com a sociedade | **53**

Entre nós o litigante invoca *a lei e o direito*; o Romano apelidava a ação *legis actio*.

A própria lei está em foco; de discuti-la é que afinal se trata numa hipótese particular. Esta ideia é da mais alta importância, especialmente para a compreensão do processo antigo das *legis actiones*. À luz desta ideia, a luta pelo direito é, por consequência, ao mesmo tempo uma luta pela lei; não se trata pois somente, no debate, do interesse do sujeito, de uma relação isolada em que a lei está incorporada, de uma fotografia, como há pouco disse, na qual fosse apanhado e fixado um reflexo fugitivo da lei, e que se pode inutilizar e destruir sem atingir a própria lei, – mas é esta que é ultrajada, calcada aos pés; deve então defender-se ou não é mais do que uma palavra vã; – com o direito pois do interessado é a própria lei que se desmorona e perece.

Acima expliquei que esta concepção, invocada para resumir a solidariedade da lei e do direito concreto, contém a expressão real da sua verdadeira relação surpreendida no mais íntimo da sua essência. Apesar de tudo, esta relação não é tão oculta que não seja inteligível mesmo para o egoísta, inacessível a toda a concepção elevada; há mais ainda: o egoísta tem talvez, para a descobrir, o olhar mais penetrante, porque o seu interesse está em ter o Estado como aliado na luta. Sem o saber e sem o querer, então, encontra-se elevado acima de si próprio e do seu direito, até àquela altura ideal onde o interessado se torna o defensor da lei.

A verdade é sempre verdade, mesmo quando o indivíduo a não reconhece nem a defende senão sob o ponto de vista estreito do seu próprio interesse.

O ódio e a vingança levam Shylock à presença do tribunal para cortar uma libra de carne do corpo de Antônio, mas as palavras que o poeta lhe faz exclamar são tão verdadeiras na sua boca como o seriam na de outro.

É a linguagem de que usará sempre, em todos os lugares e em todos os tempos, o sentimento do direito violado.

Exprime a força inabalável da convicção de que o direito deve subsistir como direito, e nela põe o entusiasmo e a ênfase de um homem que tem a consciência plena de que o objeto, por amor do qual luta, se trata não somente da sua pessoa, mas da lei. Assim é que SHAKESPEARE lhe faz dizer:

A libra de carne que pretendo,
Comprei-a bem cara, é minha e quero tê-la;
Se ma recusais, ai das vossas leis!
O direito de Veneza então está sem força.
... Eu invoco a lei;
... A meu favor está no meu título.

"Eu invoco a *lei*." Nestas quatro palavras o poeta indicou a relação do direito subjetivo com o direito objetivo e a importância da luta pelo direito, mais justamente do que teria podido fazê-lo algum filósofo do direito.

Por estas quatro palavras, a pretensão de Shylock transforma-se num só lance na questão do direito de Veneza.

Como a figura deste homem se torna poderosa e gigantesca quando pronuncia estas palavras! Já não é o judeu quem reclama a sua libra de carne, é a própria lei de Veneza que bate à porta do tribunal, – porque o *seu* direito e o direito de Veneza são um só; no seu direito é o direito de Veneza que se desmorona. E quando ele próprio tomba sob o peso da sentença que, por um miserável escárnio, sofisma o seu direito[2] no momento em que

---

[2] Neste ponto principalmente assenta a meus olhos o interesse soberanamente trágico que Shylock nos oferece. Está realmente defraudado do seu direito. Assim, pelo menos, deve encarar o jurista o assunto.

O poeta tem naturalmente liberdade para ele mesmo estabelecer a sua própria jurisprudência, e não queremos queixar-nos do fato de SHAKESPEARE ter aproveitado, ou, antes, de ter conservado intacta a antiga lenda. Mas se o jurista quiser submetê-la a um exame crítico, não poderá deixar de dizer: o título em si era nulo visto que continha alguma coisa de imoral, o juiz deveria portanto recusá-lo por tal motivo desde o primeiro momento.

Se o não fez, se o sábio Daniel lhe reconhecia validade, que era senão empregar um miserável subterfúgio, cometer um deplorável ato de chicana, proibir ao homem a quem se havia reconhecido o direito de cobrar uma libra de carne de um corpo vivo, a efusão de sangue que deveria ser uma consequência natural

Cap. 3 – A defesa do direito é um dever para com a sociedade | 55

perseguido com insultos cruéis, aniquilado, desalentado, curva os joelhos a tremer, quem poderá resistir ao sentimento e à ideia de que o direito de Veneza é que foi humilhado e de que não é o judeu Shylock quem se roja fora do pretório, mas a figura típica do judeu da Idade Média, desse pária da sociedade que em vão clamava justiça! O aspecto violentamente trágico da sua sorte assenta não sobre o que o direito lhe recusou, mas sobre o fato de este judeu da Idade Média ter fé no direito como em Cristo – uma fé inquebrantável, que nada pode desvanecer e que o próprio juiz entretém, que, como um trovão, sobre si a catástrofe que o arranca à sua ilusão e lhe ensina que não é mais do que o judeu desprezado da Idade Média a quem se reconhecem todos os direitos para depois o defraudar e iludir.

A imagem de Shylock recorda-se uma outra que não é nem menos histórica nem menos poética, a de *Michael Kohlhaas,* que HENRI VON KLEIST representou com uma tão impressionante verdade no romance publicado com aquele título.[3]

Shylock retira-se aniquilado, e, completamente abatido na energia, submete-se sem resistência à decisão do juiz.

Michael Kohlhaas procede diversamente. Quando tem esgotado todos os meios de recuperar o seu direito indignamente desprezado, quando um ato de criminosa justiça de gabinete que obstruiu as vias legais e a justiça está até no seu mais alto representante – o príncipe soberano – colocada no lado da injustiça, sucumbindo a uma dor infinita pelo crime que contra ele em sua convicção cometeram, grita então: Antes ser um cão

---

e inevitável! Um juízo poderia, com a mesma razão, reconhecer a quem tivesse direito uma servidão de trânsito, mas proibir-lhe que deixasse vestígios das pegadas, sob o pretexto de que isso não fora convencionado quando se estabeleceu a servidão. Somos, de resto, tentados a acreditar que a história de Shylock se passou na época mais antiga de Roma, porque os autores das XII tábuas julgavam necessário estabelecer expressamente a propósito da dissecação do devedor (*in partes secare*) por parte dos credores, que quanto ao tamanho dos pedaços, tinha o campo inteiramente livre (*si plus minusve secuerint, sine fraude esto*)! – Quanto aos ataques que foram dirigidos contra a opinião acima manifestada, *vide* o prefácio.

3   As citações que seguem referem-se à edição das obras completas do poeta, por TIECK, Berlim, 1826, t. 3.

do que um homem, se assim me calcam aos pés (p. 23). Desde esse momento toma energicamente uma resolução: "Aquele que me recusa a proteção das leis coloca-me entre os selvagens do deserto e põe-me na mão a clava que servirá para me proteger.

Arranca à justiça venal o seu gládio manchado e brande-o de maneira tão perigosa que o temor e o assombro se propagam até longe por todo o país, o Estado carcomido é abalado nos seus fundamentos e o príncipe treme sobre o trono.

Mas não é o sentimento selvagem da vingança que o anima; não se torna facínora e assassino como Kar Moor que "queria fazer retinir em toda a natureza o grito da revolta, para conduzir ao combate contra a raça, as hienas, o ar, a terra e o mar", que, pela convicção do seu direito violado, declara a guerra à humanidade inteira, não é uma ideia moral que o impele, a ideia de "que com as suas forças recebeu à face do mundo o *dever* de diligenciar obter satisfação para a lesão sofrida e de garantir os seus concidadãos contra lesões futuras".

A este dever tudo sacrifica, a felicidade da família, o seu nome honrado, os seus bens, o seu corpo, a própria vida, enfim.

Mas não se lança numa guerra de extermínio sem fim, não quer atingir senão o culpado e aqueles que com ele fazem causa comum.

E quando está em perspectiva de recuperar o seu direito, depõe voluntariamente as armas. Mas como se este houvesse sido escolhido para mostrar pelo seu exemplo a que grau de ignorância podiam descer nesta época a ilegalidade e a infâmia, violam-lhe o salvo-conduto que lhe havia sido dado, renuncia à anistia e acaba a vida sobre o cadafalso. Antes de morrer, no entanto, recupera o seu direito e a ideia de que não lutou em vão, que restabeleceu o direito com honra, que sustentou a sua dignidade de homem, eleva-lhe o coração muito acima dos pavores da morte.

Reconciliado consigo próprio, com o povo e com Deus, abandona-se com resignação e de bom grado ao carrasco.

Quantas reflexões não deve provocar este drama judiciário!

Um homem honesto e bondoso, cheio de amor pela família, cândido como uma criança, toma-se um Átila destruindo pelo ferro e pelo fogo o esconderijo onde se refugiou o inimigo.

Cap. 3 – A defesa do direito é um dever para com a sociedade | **57**

E donde provém então esta transformação? Nasce precisamente dessa qualidade que o torna moralmente tão superior aos inimigos que em todo o caso triunfam sobre ele.

Vem da sua alta estima pelo direito, da sua fé na santidade do direito, da força de ação do seu sentimento jurídico absolutamente justo e são.

Eis o aspecto trágico e profundamente comovedor do seu fado.

O que para ele se transforma em ruína é precisamente o que constitui a superioridade e a nobreza do seu temperamento: o arrebatamento ideal do seu sentimento jurídico, a sua abnegação heroica, esquecendo tudo e tudo sacrificando pela ideia do direito, em contacto com as misérias da sociedade desta época, com a insolência dos grandes e dos poderosos e com a prevaricação e a vileza dos juízes.

Os crimes que cometeu recaem, com uma dupla ou tríplice responsabilidade, sobre o príncipe, os seus juízes e funcionários que violentamente o arrojaram das vias do direito para as da ilegalidade. Porque nenhuma injustiça infligida a um homem, qualquer que seja a sua gravidade, pode ser comparada – pelo menos para o sentimento moral desprevenido – o que comete a autoridade eleita por Deus, quando ela própria viola o direito. O assassinato judiciário, segundo a expressão frisante da nossa linguagem, é o verdadeiro pecado mortal do direito. O depositário e o defensor da lei tornam-se assassinos dela. É um médico que envenena o doente, um tutor que estrangula o pupilo.

Na Roma antiga o juiz corrupto incorria na pena de morte.

Para a justiça que violou o direito não há acusador mais comovente do que a figura sombria e repleta de exprobrações daquele que o sentimento jurídico ferido tornou criminoso.

É para ela uma sombra sangrenta. O homem vítima de uma injustiça venal ou parcial encontra-se quase violentamente arrojado para fora das vias do direito; faz da própria mão o vingador e executor do seu direito e, ultrapassando o fim imediato, torna-se mesmo por vezes um inimigo jurado da sociedade, um bandido, um criminoso.

Até aquele, a quem uma natureza nobre e moral protege contra este desvario, como *Michael Kohlhaas*, se torna criminoso e, magoado com a pena aplicada ao crime cometido, continua sendo um mártir do sentimento jurídico. Diz-se que o sangue dos mártires não se derrama em vão, ora isto pode muito bem ter sido verdadeiro em relação àquele mártir e talvez que a sua sombra ameaçadora tenha sido suficiente para durante longo tempo tornar impossível uma opressão sobre o direito semelhante àquele de que este foi vítima.

Invoquei esta sombra para mostrar com um exemplo frisante até onde se pode extraviar e desvairar precisamente aquele cujo sentimento jurídico é enérgico e ideal, quando a imperfeição das instituições jurídicas lhe recusa uma satisfação legítima.[4] A luta pela lei transforma-se então numa luta contra a lei. O sentimento jurídico, desamparado pelo poder que deveria protegê-lo, abandona imediatamente o terreno da lei e procura, fazendo justiça a si próprio, obter o que a estupidez, a má vontade, a impotência lhe recusam.

E até não é somente nas naturezas dotadas de uma energia ou de uma violência particular que o sentimento jurídico pátrio se exalta e protesta contra idênticas situações. Estas acusações e estes protestos repetem-se às vezes por parte de uma população inteira, em certas manifestações que, segundo o seu objetivo ou

---

[4] KAR EMIL FRANZOS no romance Ein Kampfum's Recht, Breslau, 1882, inspirado pela minha obra, tratou este assunto por uma nova forma, completamente independente do seu predecessor KLEIST, mas muito impressionante.

Michael Kohlhaas é chamado à liça pela odiosa violação do seu próprio direito; o herói deste romance é pela violação do direito da comuna de que é decano, direito que procurou fazer reconhecer por todos os meios legais, à custa dos maiores sacrifícios, mas em vão. O motivo desta luta pelo direito está situado portanto em uma região ainda mais elevada do que aquele que impulsiona Michael Kohlhaas; é o idealismo do direito que não reclama para si mas somente para os outros. O fim do meu opúsculo não me permite pôr convenientemente em foco a forma magistral por que o autor se desempenhou da tarefa mas não posso entretanto deixar de recomendar vivamente esta versão ao leitor a quem interesse o tema de que me ocupo.

Forma ela um digno *pendant* ao Michael Kohlhaas de KLEIST e traça o quadro de uma tal intensidade de emoção, que ninguém saberia lê-lo sem ser impressionado intensamente.

segundo a maneira por que as considera e as aplica o povo ou uma determinada classe, podem ser consideradas como suplementos e adições populares às instituições do Estado.

A este número pertencem, na Idade Média, os tribunais vêmicos, e o duelo judiciário, testemunhos lamentáveis da impotência ou da parcialidade dos tribunais criminais desse tempo, e da fraqueza do poder público; citarei no presente a instituição do duelo que prova de fato que as penas que o Estado comina contra as ofensas à honra não dão satisfação ao sentimento delicado de certas classes em questões de honra. A tal número pertencem a *Vendetta* dos corsos e aquela justiça popular do norte da América que se conhece pelo nome de lei de Lynch. Todos estes fenômenos atestam que as instituições do Estado não estão em harmonia com o sentimento jurídico do povo, e levantam em todos os casos contra elas a censura de as considerar necessárias ou de as tolerar. Quando a lei as proíbe, mas não consegue realmente reprimi-las, podem transformar-se relativamente ao indivíduo em origem de um grave conflito. O corso que obedecendo a proibições do Estado se abstém da *Vendetta* é proscrito pelos seus; aquele que sob a pressão da ideia popular se entrega a ela, cai sob o braço vingador da justiça. O mesmo sucede entre nós com o duelo.

Aquele que o declina, nas circunstâncias que dele fazem um dever de dignidade pessoal, macula, a sua honra; aquele que o aceita é punido – posição igualmente desagradável para o interessado e para o juiz.

Na Roma antiga em vão procuramos fenômenos análogos; é que as instituições do Estado e o sentimento jurídico nacional encontravam-se ali em completa harmonia.

* * *

Nada mais tenho a dizer da luta do particular pelo seu direito. Temo-la seguido na progressão do motivo inferior, – o puro cálculo de interesse, – ao motivo mais ideal – a defesa da personalidade e das condições de vida morais, para afinal atingir a realização da ideia de justiça, – ponto extremo, onde um passo em falso pode precipitar o homem que alguém lesou no abismo da ilegalidade.

Mas o interesse desta luta não está por forma alguma restrito ao direito privado ou à vida particular; estende-se muito mais longe. Uma nação não é afinal senão a soma de todos os indivíduos que a compõem, e sente, pensa e opera, como sentem, pensam e operam estes indivíduos.

Se nas relações do direito privado o sentimento jurídico do particular se mostra enfraquecido, cobarde, apático; se, por causa dos obstáculos que lhe opõem leis injustas ou instituições imperfeitas, não encontra a largueza necessária, para se desenvolver livremente e energicamente; se vai de encontro à perseguição, precisamente onde deveria esperar apoio e encorajamento; se em consequência de todas estas circunstâncias se habitua a sofrer a injustiça e a considerá-la como uma coisa que não pode ser modificada; quem acreditará jamais que um sentimento jurídico assim escravizado, estiolado, indiferente, possa manifestar subitamente uma impressão viva e uma ação enérgica quando se trata de uma lesão do direito que não atinge o indivíduo, mas a nação inteira, quando se trata de um atentado à sua liberação política, da violação da Constituição, de uma agressão do inimigo estrangeiro?

Como poderia suceder que alguém não estivesse habituado a defender corajosamente o seu próprio direito e se sentisse impelido a expor voluntariamente a vida e a fortuna pelo direito da comunidade? Se abandonando o seu justo direito por amor da comodidade ou por cobardia não soube um homem compreender o dano ideal causado à sua honra e à sua pessoa, se nunca conheceu, em matéria de direito, outra medida que não fosse a do interesse material, – como esperar que tal homem tome outro termo de avaliação e pense por forma diversa quando se trata do direito e da honra da nação? Donde havia de sair pois de repente esse idealismo de pensamento, sempre desmentido até esse dia?

Não, aquele que luta pelo direito público e pelo direito internacional não é senão aquele que luta pelo direito privado; as qualidades adquiridas nas relações com este último acompa-

Cap. 3 – A defesa do direito é um dever para com a sociedade | **61**

nham-no também na luta pela liberdade civil e contra o inimigo estrangeiro. O que se semeou no direito privado produz fruto no direito público e no direito internacional.

É nas baixas regiões do direito privado, nas relações mais ínfimas da vida, que se forma e amontoa gota a gota esta força; é ali que se acumula este capital moral de que o Estado tem necessidade para as grandes obras da sua missão.

O direito privado, e não o direito público, é a verdadeira escola de educação política dos povos; se alguém quiser saber como um povo defenderá, se for preciso, os seus direitos políticos e a sua política internacional, bastará examinar a forma por que o simples particular defende os direitos próprios da vida privada.

Já atrás citei o exemplo do inglês sempre pronto para a luta e não posso deixar de repetir aqui o que disse: na luta encarniçada que ele sustenta por um simples franco compreende-se o desenvolvimento político da Inglaterra.

Ninguém tentará arrancar o que há de mais precioso para um povo, onde cada um, mesmo nas coisas mais ínfimas, tem por hábito defender intrepidamente o seu direito.

Também não é um efeito do acaso que o mesmo povo da antiguidade, o povo romano, que teve no interior o desenvolvimento mais elevado e ostentou no exterior o maior aparato de força, tivesse possuído ao mesmo tempo o direito privado mais aperfeiçoado. Direito é sinônimo de idealismo, por mais paradoxal que isto pareça. E refiro-me aqui não ao idealismo de imaginação mas ao do caráter, isto é, ao do homem que sente que o direito constitui um fim próprio para si, e que considera tudo o mais como coisa de pouca monta quando é atacado no que para ele é o seu lar íntimo e sagrado. Que lhe importa que este ataque aos seus direitos parta de um particular, do seu governo ou de um povo estrangeiro? A resistência que põe a estes ataques avalia-se não pela pessoa que o ataca, mas pela energia do seu próprio sentimento jurídico, pela força moral, com a qual tem o costume de se defender a si mesmo. Também é eternamente verdade dizer-se que a categoria política de um povo no interior e no exterior corresponde sempre à sua força moral.

A China, com os açoites de bambus e chibatas para os adultos, não ocupará jamais aos olhos das nações estrangeiras, não obstante contar centenas de milhões de habitantes, o lugar estimado que ocupa no concerto das nações o pequeno país da Suíça. O natural dos suíços é menos do que ideal no sentido da arte e da poesia; é calmo, prático, como o dos romanos.

Mas no sentido em que tomei a palavra ideal falando do direito, aplica-se tão bem ao suíço como ao inglês.

Este idealismo do sentimento jurídico não ameaçaria a própria base se o homem se limitasse a defender exclusivamente o seu próprio direito sem tomar parte na manutenção do direito e da ordem. Sabe que, defendendo o seu direito, defende o direito em geral, mas sabe também que, lutando pelo direito em geral, luta pelo seu direito pessoal. Onde quer que domine esta maneira de ver, este sentimento arraigado da estrita legalidade, procurar-se-á debalde deparar com o fenômeno realmente consternador e tão frequente noutras partes, que faz com que quando a autoridade persegue ou quer fazer punir os delinquentes, o povo em massa tome o partido destes últimos e olhe o poder público como o adversário natural do povo.

É porque cada um sabe que a causa do direito é a sua própria causa; só o criminoso simpatiza com o criminoso; o homem honrado pelo contrário estende com prontidão a mão em auxílio da polícia ou da autoridade.

Há porém necessidade de eu formular a conclusão que deduzi de tudo o que precedentemente expus. Resume-se nesta simples proposição: o Estado que quer ser estimado no exterior, estando inteiramente sólido e inabalável no interior, nada tem de mais precioso a resguardar e a cultivar na nação do que o sentimento do direito.

Este encargo é um dos deveres mais elevados e mais importantes da pedagogia política.

No vigor, na energia do sentimento jurídico de cada cidadão possui o Estado o mais fecundo manancial de força, a garantia mais segura da sua própria duração. O sentimento jurídico é a raiz de toda árvore; se a raiz nada vale, e se mira nas rochas ou na árida areia, tudo o mais não passa de uma miragem. Venha uma tempestade e toda a árvore será arrancada pela raiz. Mas o tronco e a copa têm a superioridade de serem vistas, ao passo que as raízes mergulham no solo e escondem-se aos olhares.

A influência dissolvente que sobre a força moral de um povo exercem as leis injustas e as más instituições jurídicas manifesta-se sob a terra, nessas regiões que tantos amadores da política não julgam dignas da sua atenção.

Para eles não se trata senão da copa soberba; não têm apreensão alguma com o veneno que da raiz possa subir à ramagem. Mas o despotismo sabe bem onde deve bater para fazer cair a árvore; está muito longe de tocar logo de princípio a copa, e vai direto às raízes. O despotismo em toda a parte começou por ataques ao direito privado, por violências contra o indivíduo.

Desde que terminou a obra por este lado, a árvore abate por si. É portanto ali antes de tudo que é preciso resistir-lhe, e os romanos sabiam bem o que faziam quando se aproveitaram de um atentado ao pudor e à honra de uma mulher para pôr fim à realeza e ao decenvirato. Para matar num povo todo o sentimento viril e toda a força moral, para assegurar ao despotismo uma vitória sem resistência, MAQUIAVEL nada teria podido encontrar de melhor do que destruir entre os camponeses o sentimento da liberdade pessoal, humilhando-os com cargos e serviços degradantes, colocando o habitante das cidades sob a tutela da polícia, submetendo a licença para viajar à tiragem de um passaporte e repartindo os impostos à medida do capricho e do favor. Não se reflete, é certo, em que a porta por onde entram o despotismo e o arbítrio está igualmente aberta para o inimigo estrangeiro, e é somente quando este já se serviu dela que os sábios reconhecem, mas demasiadamente tarde, que a força moral e o sentimento jurídico do povo teriam podido formar contra o inimigo estrangeiro a muralha mais eficaz. A Lorena e a Alsácia foram perdidas a favor do império alemão na época em que os camponeses e os burgueses eram o objeto do arbítrio feudal e absolutista; – como se os habitantes daquelas províncias e os seus irmãos do império pudessem insurgir-se por causa deste quando haviam desaprendido a inquietar-se pela causa própria.

Mas é culpa exclusivamente nossa se somente compreendemos as lições da história quando é demasiadamente tarde; nada tem ela com que as não aprendamos a tempo, porque no-las prega constantemente em voz alta e compreensível. A força de um povo corresponde à força do seu sentimento jurídico. Cultivar o sentimento do direito na nação é portanto cultivar o vigor e a força do Estado. Por esta cultura não entendo, está claro, a cultura teórica da escola e do ensino, mas a realização prática dos princípios da justiça em todas as relações da vida.

O mecanismo exterior do direito não é suficiente por si. Compreende-se que seja organizado e manejado, e com tanta perfeição que reine a ordem mais completa, e que no entanto a necessidade acima apontada seja manifestamente esquecida. Mantinha-se igualmente dentro da lei e da ordem a servidão da gleba, os impostos sobre os judeus e outras tantas instituições de um tempo passado que estavam em profunda contradição com as exigências de um sentimento jurídico enérgico e são, e pelas quais o Estado se prejudicava talvez mais a si próprio do que aos burgueses, aos camponeses, aos judeus sobre quem elas pesavam diretamente. Fixidez, clareza, precisão do direito material, abolição de todas as regras contra as quais deve ir bater um sentimento jurídico são, e isto em todas as esferas do direito, não somente do direito privado, mas da política, da administração, das leis financeiras; independência dos tribunais, organização do processo tanto mais perfeita quanto possível; tal é o caminho prescrito ao Estado para *conduzir* ao seu completo desenvolvimento o sentimento jurídico dos seus membros e por isso mesmo a sua própria força.

Toda a disposição injusta, toda a instituição má, e como tal reconhecida pelo povo, implica um ataque ao sentimento jurídico da nação e por consequência à força nacional. É uma ofensa contra a ideia do direito que recai sobre o próprio Estado, o qual a maior parte das vezes deve pagá-la caro e com usura.

Têm-se visto iguais erros custarem uma província! E eu estou muito longe de sustentar que estas considerações de oportunidade só por si devem empenhar o Estado em evitar estes erros; penso, pelo contrário, que o primeiro e o mais sagrado dos seus deveres é realizar esta ideia só pela ideia; mas eis aqui, talvez, algum idealismo doutrinário e não quero estigmatizar os políticos práticos e os homens de Estado quando estes se defendem contra tal exigência encolhendo os ombros.

Precisamente por isso também é que lhes mostrei o aspecto prático da questão que eles estão longe de compreender perfeitamente. A ideia do direito e o interesse do Estado marcham neste ponto de mãos dadas. Por mais são que seja o sentimento jurídico, não resiste a um direito corrompido.

É que a essência do direito, como já muitas vezes repetimos, consiste na ação. A ação livre é para o sentimento jurídico o que o ar livre é para a chama: – diminuí-la ou perturbá-la é abafá-lo inexoravelmente.

* * *

Poderia terminar aqui este trabalho, porque o assunto está esgotado. O leitor, apesar de tudo, há de permitir que eu chame ainda a sua atenção para uma questão intimamente ligada a esta matéria.

Até que ponto o nosso direito atual, ou para falar mais exatamente, o direito romano atual, o único que me sinto capaz de julgar, corresponde às exigências desenvolvidamente expostas nas páginas precedentes?

Não hesito em declarar da maneira mais categórica que em coisa alguma nesse ponto satisfaz.

Fica muito longe das exigências legítimas de um sentimento jurídico são, não porque deixe de obter uma aplicação mais ou menos justa, mas porque, em todo o seu conjunto, é dominado por uma maneira de ver diametralmente, contrária àquela que precisamente, segundo as minhas explicações precedentes, forma a essência do sentimento jurídico são: – e eu entendo por essa essência aquele idealismo que na lesão do direito não vê somente um ataque à propriedade, mas à própria pessoa. O nosso direito comum não dá o menor apoio a este idealismo; a medida a que reduz todas as lesões do direito, com exceção da lesão da honra, é exclusivamente a do valor material. O vulgar e chato materialismo atingiu aqui a sua expressão mais completa.

Mas o direito deve então, quando se trata do *teu* e do *meu*, não garantir ao lesado do que o objeto do litígio ou do seu valor?[5] Se isso fosse justo poderia também deixar ir à vontade o ladrão quando entregou o objeto roubado.

Mas o ladrão, objetar-se-á, não ataca somente a pessoa que lesou; infringe também as leis do Estado, a ordem jurídica, a lei moral. Não deverá dizer-se outro tanto do devedor que contesta conscientemente o empréstimo, do vendedor, do arrendador que quebra o contrato feito, do mandatário que abusa, para me burlar, da confiança que nele havia depositado? Assim se dá satisfação ao meu sentimento jurídico lesado não se concedendo depois de uma longa luta mais do que já desde o princípio legitimamente me pertencia? Fazemos mesmo abstração completa deste desejo de satisfação que não hesito em declarar absolutamente legítimo, tal é a perturbação do equilíbrio natural entre as duas partes!

O perigo com que as ameaça o resultado *desfavorável* do processo consiste para uma, em perder o que lhe pertence, e para a outra somente em ter de entregar o que injustamente retinha.

A vantagem que lhes assegura o êxito *favorável* consiste para uma em nada perder e para a outra em enriquecer à custa do adversário. Não estará assim tudo propício simplesmente a estimular a mais vergonhosa falsidade e a dar um prêmio à deslealdade?

Não procuro pois aqui mais do que caracterizar em realidade o nosso direito atual.

E poderemos fazer remontar ao direito romano a responsabilidade disto? Distingo a tal respeito três fases do desenvolvimento deste direito: a do direito antigo, em que o sentimento jurídico, sem medida na veemência, não chegara ainda a ponto de se dominar a si próprio; a do direito intermediário, em que a sua energia estava regulada; e finalmente a do fim do Império e

---

[5]   Assim o pensei em tempo. Se hoje penso por forma diversa é devido às longas meditações que consagrei ao assunto desta obra.

especialmente do direito de Justiniano, em que havia enfraquecido e estiolado. Procedi e publiquei anteriormente alguns estudos sobre o estado de coisas nesta fase primitiva e posso resumir aqui, sucintamente, as conclusões a que cheguei.

O sentimento jurídico irritável da época antiga considera toda a lesão ou contestação do direito próprio como uma injustiça subjetiva, sem levar em conta a inocência ou o grau de culpabilidade do adversário. Reclama a mesma satisfação do inocente e do culpado. Aquele que contesta a dívida evidente (*nexum*) ou o dano causado à propriedade do adversário paga o dobro se é vencido; aquele que, tratando-se de uma incidente reivindicação, apanhou os frutos, como possuidor, deve restituí-los em dobro, sem prejuízo da perda do *sacramentum* em que incorre por haver sido vencido no objeto principal da questão. O demandista incorre na mesma pena, quando perde o processo, por ter reclamado os bens de outrem. Se está iludido, por pequeno que seja o engano, sobre o montante da dívida, no resto absolutamente provada, perde o processo na totalidade.

Mais de uma destas instituições e destas regras do direito antigo passaram para o direito novo, mas as criações particulares deste respiram um outro espírito.

Pode caracterizar-se, em suma, como o estabelecimento e a aplicação do critério da culpa a todas as relações do direito privado. A injustiça objetiva e a injustiça subjetiva estão rigorosamente separadas; a primeira implica somente a simples restituição do objeto devido; a segunda acarreta, além disso, uma pena pecuniária; outras vezes a infâmia, e a esta faz-se a aplicação regulada das penas que dá precisamente uma das ideias mais salutares do direito romano da época intermédia. Que um depositário tivesse a deslealdade de negar ou recusar a entrega do depósito, que o mandatário ou o tutor tivesse explorado em proveito próprio a sua missão de confiança ou desprezado cientemente o seu dever e pudesse depois liquidar responsabilidades, unicamente por meio da restituição de qualquer objeto ou do simples pagamento do dano – era o que o romano não podia compreender, este queria, além disso, que aqueles fossem punidos, em primeiro lugar para dar satisfação ao sentimento jurídico lesado, depois com o fim de dissuadir os outros de semelhantes atos.

Entre as penas que se aplicavam, encontrava-se em primeira linha a infâmia. Era nas relações romanas uma das penas mais severas que se podem conceber porque, independentemente da proscrição social que motivava, acarretava também consigo a perda de todos os direitos do cidadão, isto é a morte política.

Aplicava-se em todos os casos em que a violação do direito apresentava um caráter particular de deslealdade.

Vinham em seguida as penas pecuniárias das quais se fazia um uso incomparavelmente mais hábil do que nos nossos dias. Contra aquele que, por uma causa injusta, se deixava seduzir, intentava-se um processo; para isso havia um arsenal completo de meios de intimidação, as penas, que consistiam primeiramente em frações do valor do objeto em litígio, e que depois se elevaram até o dobro deste valor, aumentando ainda, em circunstâncias em que não havia outro meio de quebrantar a obstinação do adversário, de uma maneira ilimitada, isto é, até à cifra que ao litigante aprazia fixar por juramento.

Havia especialmente duas formas de processo que colocavam o réu na alternativa ou de renunciar à sua audácia, sem outras consequências prejudiciais, ou de ser expor ao perigo de ser julgado responsável por uma violação intencional da lei e como tal ser punido; eram os interditos proibitórios do Pretor e as *actiones arbitrariae*.

Se não se decidia em face da ordem que lhe dirigia o magistrado ou o juiz, havia então desobediência, rebelião; e daí em diante já não era somente o direito do litigante que estava em discussão, mas conjuntamente a lei, na autoridade dos seus representantes, e o desprezo desta expiava-se por penas pecuniárias que aproveitavam ao litigante.

O fim de todas estas penas era o mesmo da pena de direito criminal. Era primeiramente o fim puramente prático de assegurar os interesses da vida privada, mesmo contra as lesões que não constituíam delitos, e em seguida o fim moral de dar satisfação ao sentimento jurídico lesado, de restaurar a autoridade desprezada da lei.

Cap. 3 – A defesa do direito é um dever para com a sociedade | 69

O dinheiro não constituía portanto o fim, mas unicamente o meio de atingir esse fim.[6]

A meu ver, este estado de coisas, no direito *romano da época intermediária*, é digno de ser tomado como modelo.

Igualmente distanciado da orientação extrema do direito antigo, que colocava no mesmo plano a injustiça subjetiva, e da orientação extrema do nosso direito atual, que, no processo civil, rebaixa a injustiça subjetiva inteiramente no nível da injustiça objetiva, dava plena satisfação às legítimas exigências de um sentimento jurídico são, não só conservando estritamente separadas as duas espécies de injustiças, mas ainda prestando-se com a mais fina inteligência a distinguir no quadro da injustiça subjetiva todas as *nuances* possíveis quanto à forma, ao gênero, a gravidade da lesão.

Abordando agora a última fase de desenvolvimento do direito romano, tal como se encontra na compilação de justiniano, não posso deixar de notar quanto é importante a hereditariedade para a vida dos povos, da mesma maneira que para a vida dos particulares.

Que teria sido o direito desta época moralmente e politicamente decadente se ela própria o houvesse criado?

Da mesma forma por que tantos herdeiros vivem da riqueza dos seus antepassados porque, com as suas próprias forças, poderiam a custo suprir as necessidades da vida, também uma raça esgotada e decadente subsiste ainda durante longo tempo com o capital intelectual da época enérgica que a precedeu.

Atrevo-me a dizer não só que essa raça goza sem sacrifício pessoal os frutos do trabalho doutrem, mas sobretudo que as obras, as criações, as instituições do passado podem conservar

---

[6] Está isto acentuado com uma nitidez particular nas ações conhecidas pelo nome de *vindictam spirantes*. A ideia de que estas ações se não tratam de dinheiro e de bens materiais, mas de uma satisfação do sentimento lesado do direito e da personalidade, manifesta-se nelas em todas as suas consequências Por isso é que são interditas aos herdeiros, não podem ser objeto de cessão, nem intentadas, no caso da falência, pelos credores da massa; também por isso elas prescrevem num prazo relativamente curto e não têm lugar quando está averiguado que o lesado não se ressentiu da injustiça contra ele praticada.

durante um certo tempo, e avivar mesmo, o espírito que presidiu ao seu nascimento. Há nelas uma reserva de força comprimida que o contato transforma de novo em força viva. Assim é que o direito privado da república, no qual se havia refletido o robusto e enérgico sentimento jurídico do antigo povo de Roma, pôde fornecer, durante algum tempo ainda, até à época imperial, um manancial vivificante e refrigerante.

Foi este, na sua vasta solidão do mundo da época posterior, o oásis donde brotava a única nascente pura que ainda subsistia.

Mas nenhuma vida independente podia resistir por largo tempo ao ardente *simoun* do despotismo e o direito privado isolado não podia reter e proteger um espírito que estava proscrito por toda a parte.

Cedeu ele também, ainda que depois de todos os outros, ao espírito da época nova! Tem uma estranha fisionomia este espírito da época nova! Esperar-se-ia encontrar nele os traços do despotismo: o rigor, a dureza, a desumanidade; pois bem, não é assim; a expressão da sua fisionomia é precisamente o contrário; não manifesta senão suavidade e humanidade.

Mas esta suavidade é própria do despotismo, porque se o que dá a um, tem-no roubado a outro. É a doçura do arbítrio e do capricho e não a do caráter; é a desordem da violência, procurando reparar a injustiça que cometeu, com outra injustiça.

Não é aqui o lugar próprio para enumerar todas as provas desta asserção; basta, segundo me parece, que chame a atenção sobre um único traço de caráter particularmente significativo e abundante em provas históricas; quero falar da suavidade e da indulgência com que se favoreceu o devedor à custa do credor.[7] Creio que pode estabelecer-se, em tese geral, o simpatizar com os devedores. A isso chama ela própria de humanidade.

---

[7]   Encontram-se numerosos exemplos nas disposições de Justiniano. Dá às cauções o benefício da ordem, aos devedores solidários a exceção da divisão; estabelece para a venda da propriedade hipotecada o prazo absurdo de dois anos depois da notificação, e concede ainda ao devedor, depois da adjudicação da propriedade hipotecada, um novo prazo de dois anos para a adquirir. Reserva mesmo depois de expirado este prazo, um direito sobre o aumento de valor da propriedade vendida pelo credor etc.

Cap. 3 – A defesa do direito é um dever para com a sociedade | **71**

Uma época forte cuida antes de tudo de fazer com que o credor efetive o seu direito e nunca teme o rigor contra os devedores, quando esse rigor seja necessário para manter a segurança das relações, a confiança e o crédito.

Vejamos, finalmente, o nosso direito romano atual.

Eu deveria talvez sentir o ter de fazer-lhe referência, porque me expus a produzir sobre ele uma opinião que não poderei, neste lugar, justificar como desejava.

Não quero, no entanto, deixar de dizer pelo menos essa opinião.[8]

Para a resumir em algumas palavras, coloco o caráter particular de toda a história e da autoridade do direito romano moderno na preponderância particular, até certo ponto tornada necessária pelas próprias relações, da erudição pura sobre todos os fatores que, em qualquer parte, determinam a formação e o desenvolvimento do direito: o sentimento jurídico nacional, a prática e a legislação. É um direito estrangeiro, escrito em uma língua estrangeira, introduzido por sábios que são os únicos a compreendê-lo perfeitamente e exposto antecipadamente à opinião e às variações de dois interesses, completamente diferentes, por natureza e às vezes contraditórios entre si: a ciência histórica pura e a aplicação prática e progressiva do direito. A prática está desprovida da força necessária para dominar completamente o assunto. Fica condenada por consequência a uma eterna dependência em face da teoria, o que equivale a dizer numa situação de *menoridade*.

Daí resulta que o particularismo o antepõe, na jurisprudência e na legislação, às tímidas e fracas tentativas tendentes a conseguir centralização.

Poderá então admirar-se alguém de que entre o sentimento jurídico nacional e um tal direito se tenha produzido um vácuo declarado; que o direito não tenha compreendido o povo?

Algumas instituições e regras que foram compreensíveis em Roma, com as relações e os costumes de então, tornaram-se aqui

---

[8]   Não devem esquecer-se de que se trata aqui do direito comum da Alemanha.

uma verdadeira heresia pelo desaparecimento completo das circunstâncias que as tornavam necessárias, e nunca, desde que o mundo existe, pôde uma jurisprudência abalar, tanto como esta, a fé e a confiança no direito.

Que deve dizer a simples e sã razão de um homem de hoje quando comparece diante do juiz com o título, no qual o adversário reconhece dever-lhe cem francos e o juiz declara este título não obrigatório, como constituindo uma *cautia indiscreta*? Que dirá ele ao saber que a declaração de dívida que diz expressamente que esta teve por causa um empréstimo não tem força probatória antes de expirar um prazo de dois anos?

Mas não quero fazer aqui referência a minúcias; não acabaríamos, afinal.

Limitar-me-ei antes a assinalar duas aberrações porque nem lhes posso dar outro nome – da nossa jurisprudência do direito comum as quais derivam dos próprios princípios, concentrando neles uma verdadeira sementeira de injustiças.

A primeira consiste em que a jurisprudência moderna tem esquecido completamente a ideia muito simples que já desenvolvi, e que se resume dizendo que numa lesão do direito não se trata somente do valor pecuniário, mas de uma satisfação a dar ao sentimento jurídico lesado.

A nossa jurisprudência não tem outro critério senão o de um vulgar e banal materialismo; não conhece mais do que o puro interesse pecuniário.

Lembro-me de ter ouvido falar de um juiz que, em vista do diminuto valor de um litígio, e para se desembaraçar de um processo intrincado, havia oferecido pagar do seu próprio bolso ao litigante. E indignou-se vivamente por este recusar os seus oferecimentos.

Este homem de direito não podia conceber que para o litigante se tratava do seu direito e não do seu dinheiro, e não temos que dirigir-lhe uma grave censura, porque ele podia devolver esta censura à ciência.

A condenação pecuniária que, nas mãos do juiz romano, oferecia o meio mais eficaz de fazer justiça ao interesse ideal que havia sido lesado, transformou-se, sob a influência da nossa teoria moderna das provas, num dos mais vãos paliativos de que jamais se tem servido a justiça para tentar reprimir a injustiça.

Exige-se de *A* que demonstre até ao último cêntimo o seu interesse pecuniário.

Considere-se portanto ao que reduz a proteção do direito quando não existe interesse pecuniário.

O senhorio proíbe ao locatário o acesso ao jardim do qual este tem, segundo os termos do contrato celebrado, o direito de fruição comum; pois que trate de provar o valor pecuniário de algumas horas passadas num jardim!

Se acontece o senhorio dar de arrendamento a um terceiro antes de o arrendatário tomar posse, deve este, antes de encontrar outra morada, sujeitar-se, durante um ano, ao mais miserável abrigo.

O dono do hotel recusa-se a receber um viajante ao qual telegraficamente prometeu um quarto, e este último deve vaguear durante horas no meio para encontrar um modesto refúgio.

Que se reduza portanto tudo isso a dinheiro ou então que se experimente ver o que o tribunal concederá em casos tais! Nada disto sucede na Alemanha, porque o juiz alemão não pode ultrapassar esse escrúpulo teórico, segundo o qual os desgostos, os enfados, por maiores que sejam, não podem ser avaliados em dinheiro, ao passo que isso não causa o menor escrúpulo ao juiz francês.

Um professor particular que aceitou um compromisso num colégio particular encontra em seguida um lugar mais vantajoso; quebra o contrato e não se pode procurar imediatamente outro para o substituir.

Trata-se de avaliar em dinheiro a circunstância de, durante várias semanas ou alguns meses talvez, os discípulos ficarem privados de lições de francês ou de desenho, ou ainda o dano pecuniário causado ao diretor da escola!

Uma cozinheira deixa, sem razão, o serviço, e como não pode substituir-se na localidade, encontram-se os patrões no maior dos embaraços.

Demonstre-se o valor pecuniário, deste embaraço.

Em todos estes casos fica-se completamente sem proteção, segundo o direito comum, porque a proteção oferecida ao interessado supõe uma prova que regularmente não poderá produzir.

E ainda que pudesse ser facilmente produzida, não bastaria exclusivamente o valor pecuniário para reparar eficazmente a injustiça sofrida.

Trata-se portanto de um estado de pura ausência do direito.

O que é opressivo e ofensivo neste estado de coisas ainda não é o embaraço em que qualquer pessoa se encontra assim colocada, mas sim o sentimento amargo de que o justo direito pode ser calcado aos pés sem que haja meio de dar remédio a tal fato.

Não se pode atribuir ao direito romano a responsabilidade desta lacuna, porque ainda que ele admitisse sempre o princípio de que o julgamento final não pode deixar de restringir-se a dinheiro, soube no entanto fazer da condenação pecuniária um uso tal que não somente o interesse pecuniário, mas também todos os outros interesses legítimos, encontravam nela uma proteção eficaz.

A condenação pecuniária era o meio de pressão que o juiz civil empregava para assegurar a observância das suas ordens.

O réu que se recusava a fazer o que o juiz lhe impunha, não era considerado desonerado e quite, pagando simplesmente o valor pecuniário da prestação imposta.

A condenação pecuniária tomava aqui o caráter de uma pena e é precisamente este resultado do processo que obtinha para o autor uma coisa que, segundo as circunstâncias, lhe importava infinitamente mais do que o dinheiro, quer dizer a *satisfação moral para a lesão frívola do direito*. Esta ideia de satisfação é completamente estranha à teoria moderna do direito romano; esta não a compreende; não conhece mesmo outra coisa mais do que o valor pecuniário, a prestação não satisfeita.

A esta insensibilidade do nosso direito atual pelo interesse ideal da lesão do direito se prende também a abolição pela prática das penas privadas do direito romano.

Terminou a infâmia, entre nós, para o depositário ou para o mandatário infiel; a maior velhacaria, contanto que se saiba astuciosamente evitar o Código Penal, fica hoje completamente a salvo e sem castigo.

Veem-se certamente figurar ainda nos livros as penas pecuniárias e as penas da negação sem base, mas dificilmente se encontrarão na jurisprudência.

Ora, que quer isto dizer? Unicamente que entre nós a injustiça subjetiva foi recalcada no nível da injustiça objetiva.

Entre o devedor que nega, descaradamente, o empréstimo que lhe foi feito e o herdeiro que o faz *bona fide*, entre o mandatário que me enganou e aquele que somente errou, em resumo, entre a violação intencional e sem fundamento jurídico e a ignorância ou o erro, o nosso direito atual não conhece diferença alguma. O simples interesse pecuniário é por toda a parte a alma do processo.

A ideia de que no direito privado, como no direito criminal, a balança de Témis deve pesar a *injustiça* e não o *dinheiro* somente, está tão distanciada da concepção dos nossos juristas atuais, que quando procuro exprimi-la, devo esperar a objeção de que é nisso precisamente que consiste a diferença entre o direito criminal e o direito privado.

Isto é verdadeiro para o direito *atual,* e *eu* acrescento, desgraçadamente, mas para o direito em si? Formalmente o contesto, porque sempre faltará provar-me que há uma esfera do direito na qual a ideia da justiça não pode realizar-se na sua completa extensão.

Ora, a ideia da justiça é inseparável da realização da ideia de responsabilidade.

A segunda das aberrações verdadeiramente funestas, da jurisprudência moderna, consiste na teoria por ela estabelecida sobre as provas.[9] Dir-se-ia que esta teoria foi inventada com o único fim de iludir o direito. Se todos os devedores da terra

---

[9] É preciso não esquecer que as explicações que seguem se referem ao processo do direito comum que existia ainda na época em que o trabalho foi publicado.

estivessem conjurados para ludibriar o direito dos respectivos credores, não teriam conseguido inventar um meio mais eficaz para tal fim do que aquele que a jurisprudência aproveitou nesta teoria das provas.

Nenhum matemático pode estabelecer um método de prova mais exato do que aquele que aplica a nossa jurisprudência.

Tal método atinge o cúmulo do absurdo nos processos por perdas e danos. O excessivo abuso, para me servir das palavras de um jurista romano, que aqui se faz do direito sob o pretexto aparente da sua autoridade, e o benéfico contraste que nesse ponto estabelece a jurisprudência dos tribunais franceses foi, em várias obras recentes, caracterizado por uma forma tão frisante, que se posso abster-me de nele insistir, não posso deixar de dizer: Desgraçado autor em tais processos e feliz réu!

Para resumir tudo o que precedentemente exponho, poderia talvez soltar esta exclamação como divisa da nossa jurisprudência e da nossa prática modernas. Elas têm avançado muito no caminho inaugurado por justiniano.

É pelo devedor e de forma alguma pelo credor que elas julgam dever interessar-se; antes fazer abertamente injustiça a cem credores do que correr o risco de ser muito rigorosas para um só devedor.

Ao homem estranho ao direito custará acreditar que esta falha parcial do direito que atribuímos à falsa doutrina dos teóricos do direito civil e do processo fosse ainda suscetível de uma agravação, e no entanto é ainda excedida por uma aberração de certos criminalistas antigos que pode designar-se francamente como um atentado contra a ideia do direito e como a mais afrontosa ofensa contra o sentimento jurídico que jamais a ciência cometeu.

Quero falar da indigna restrição do direito de legítima defesa, deste direito, primordial do homem, que, como diz Cícero, é uma lei da própria natureza, inata no homem, e a respeito da qual os juristas romanos tinham a ingenuidade de crer que direito algum no mundo poderia desconhecê-la (*Vim vi repellere omnes leges omnia que jura permittunt*).

Cap. 3 – A defesa do direito é um dever para com a sociedade | 77

Nos últimos séculos, e ainda mesmo no nosso século, teriam podido convencer-se do contrário.

Em princípio, é certo, os sábios têm reconhecido este direito, mas animados da mesma simpatia pelo delinquente que os autores do direito civil e do processo manifestam pelo devedor, têm procurado, na aplicação, restringi-lo e cercá-lo de tal maneira que na maior parte dos casos o delinquente ficava protegido, ao passo que a sua vítima ficava sem proteção.

Que abismo de decadência do sentimento da personalidade, de fraqueza efeminada, de bastardia e de definhamento do simples e são sentimento jurídico, quando se aprofunda a literatura desta doutrina[10] quase se julga a gente transportado a uma sociedade de castrados morais!

O homem que ameaça com um golpe ou uma ofensa à honra deve evitar-se, fugir-se-lhe; – é portanto um dever jurídico deixar o campo livre à injustiça.

Os sábios só estavam em desacordo sobre um ponto único, o de saber se os militares, os nobres e as pessoas de alta posição deviam igualmente fugir.[11] Um pobre soldado retirara-se duas vezes em conformidade com estas indicações, mas perseguido uma terceira vez pelo inimigo, colocou-se em defesa e matou-o.

Foi passado pelas armas "para lhe dar a ele próprio uma lição eficaz e para oferecer aos outros um exemplo salutar".

Deve ser permitido, diz-se, a pessoa de alta categoria ou de alto nascimento, da mesma forma que aos militares, opor uma legítima defesa moderada para defender a honra própria[12] mas, acrescenta imediatamente um outro, não devem ir até à morte do seu adversário por uma simples injúria verbal.

Quanto às outras pessoas, e mesmo aos funcionários públicos, não pode conceder-se-lhes tanto.

---

[10] Encontra-se compilada na obra de K. LEVITA. *Das Recht der Nothwehr*, Glessen, 1856. p. 158 e segs.

[11] LEVITA. Ob. cit. p. 240.

[12] Ob. cit. p. 205 e 208.

Aos funcionários da justiça civil limita-se a dizer que "simples homens de lei não têm outro direito a não ser as leis do país, e que não têm outras reclamações a fazer".

A sorte dos comerciantes ainda é mais desagradável. "Os comerciantes, diz-se, mesmo os mais ricos, não fazem exceção; a sua honra é o seu crédito; não têm honra senão durante o tempo em que tiverem dinheiro; podem, portanto, sem perigo, perder a honra e a reputação, permitir que os cubram de alcunhas injuriosas e, quando pertencem à classe mais baixa, permitir que se lhes aplique uma ligeira bofetada ou alguns piparotes pouco dolorosos."

Se o desgraçado transgressor da lei é um campônio ordinário ou um judeu, deve aplicar-se-lhe a pena ordinária cominada contra aqueles que se defendem a si próprios, ao passo que os outros devem ser punidos o mais levemente possível.

O que é sobretudo edificante é a maneira por que se tem pretendido excluir a legítima defesa para o efeito de defender a propriedade.

A propriedade, pensavam uns, é assim como a honra um bem reparável; é garantida pela *reivindicatio* como a honra o é pela *actio injuriarum*. Mas se o ladrão fugiu para o campo e se não se sabe quem é, nem onde se encontra?

Responde-se imperturbavelmente: o proprietário conserva sempre *de jure* a reivindicação, "e se esta ação não dá resultado num caso particular é somente por uma série de circunstâncias fortuitas absolutamente independentes da natureza do próprio direito de propriedade".[13]

Tal é a consolação oferecida àquele que deve entregar sem resistência toda a fortuna, composta de valores mobiliários, que leva consigo; conserva sempre a propriedade e a *reivindicatio*, o salteador não tem mais do que a posse de *fato*!

Isto lembra o roubado que se consolasse pensando que o ladrão não tinha em seu poder as instruções sobre a forma de se servir do objeto roubado.

---

[13] Ob. cit. p. 210.

Outros, obrigados pela necessidade, nos casos de que se trate, um valor *considerável*, permitem, o uso da violência, mas obrigam aquele que é atacado a ponderar muito exatamente, a despeito da mais violenta emoção, a energia com que deve repelir o ataque.

Se estilhaça inutilmente o crânio ao agressor, quando antecipadamente teria podido inquirir com exatidão da dureza deste crânio e limitar-se a ferir segundo as conveniências, de forma a colocá-lo em estado de não agredir por um golpe menos violento, – é responsável.

Para estes, a posição do homem atacado lembra da *Odisseia* os preparativos do duelo contra Iros; (*Odisseia,* XVIII, págs. 90 e segs.): "Ulisses delibera então se o arrojará com um só golpe aos infernos, ou se ferindo com menos violência, se contentará a estendê-lo aos pés." O herói determina-se por esta última resolução (Trad. *Bitaubé,* Paris, 1788, Tomo XI, p. 181).

Para os objetos menos preciosos, pelo contrário, por ex., um relógio de ouro ou uma bolsa com alguns francos, mesmo, para algumas centenas de francos, o homem ameaçado não pode ofender corporalmente o adversário.

Que é, com efeito, um relógio em comparação da vida e dos membros intactos? Um é um haver, perfeitamente reparável; o outro é absolutamente irreparável. É uma verdade incontestável! –, mas esquece-se somente de uma pequena coisa: é em primeiro lugar que o relógio pertence à *vítima* e os membros ao *bandido.* Sem dúvida têm eles para este um enorme valor, mas nenhum têm para a sua vítima.

Esquece-se em segundo lugar, quanto à reparabilidade inteiramente incontestável do relógio, de dizer quem o substituirá.

Será o juiz por meio de uma condenação?

Eis o que resulta da cegueira e dos erros dos sábios.

Que profunda confusão não devemos experimentar vendo que esta ideia tão simples, tão justa, tão conforme ao verdadeiro sentimento do direito, – o qual vê em qualquer ataque, ainda que não se trate senão de um relógio, uma ofensa a todo direito da pessoa e à própria personalidade pudesse ser esquecida pela ciência até ao ponto de exaltar o abandono do direito, a fuga cobarde em frente da injustiça, à altura de um dever jurídico.

Pode assombrar que em uma época em que a ciência ousava emitir semelhantes opiniões, o espírito de cobardia e de apática tolerância da injustiça, tenha determinado também os destinos de uma nação? Somos felizes, todos os que por essa época passaram, em que os tempos tenham mudado. Semelhantes ideias tornaram-se presentemente radicalmente impossíveis; só podiam prosperar no marasmo de uma vida nacional política e juridicamente decadente.

A teoria da cobardia e da obrigação de abandonar o direito ameaçado forma antítese científica extrema com a opinião que defendo e que, pelo contrário, considera um dever a luta pelo direito. Um filósofo moderno, HERBART, emitiu sobre a base do direito uma opinião que não é tão falsa, mas que fica todavia muito inferior à altura ideal do sentimento jurídico são.

Descobre o fundamento último do direito em um motivo que só pode qualificar-se de estética: a aversão da luta.

Não é aqui lugar para explicar quanto esta tese é insustentável, e contento-me fazendo referência às explicações de um amigo.

Se pudesse haver um assunto de estética na esfera do direito, eu não sei se em lugar de ver o belo jurídico naquilo que *exclui* a luta, não o veria antes naquilo que a *implica*.

Para julgar a luta em si esteticamente contrária ao belo, o que deixa já fora da questão a sua justificação moral, é preciso fazer esquecer toda a literatura e toda a arte, desde *a Ilíada* de Homero e das obras-primas da estatuária grega até aos nossos dias, porque não há talvez matéria que tenha exercido sobre os artistas uma tão grande força de atração como a luta em todas as suas formas diversas.

Seria mesmo difícil encontrar um homem a quem o espetáculo da tensão extrema das forças humanas que tem ilustrado a arte plástica e a poesia, inspire, em vez de um sentimento de satisfação estética, o de repulsão estética.

O problema mais elevado e mais eficaz para a arte e para a literatura incide sempre na defesa de uma ideia, quer ela seja

Cap. 3 – A defesa do direito é um dever para com a sociedade | **81**

o direito, a pátria, a fé ou a verdade. Ora, esta defesa é sempre uma luta.

Não é a estética, mas sim a ética, que deve ensinar-nos o que corresponde à essência do direito e o que lhe é contrário.

Ora, a ética, longe de repelir a luta pelo direito, impõe-na, como dever, tanto aos indivíduos como aos povos, por toda a parte onde existem as condições que deixo desenvolvidamente expostas neste livro.

O elemento da luta que HERBART quer eliminar da noção do direito é, pelo contrário, o mais primordial e aquele que sempre lhe é imanente – a *luta é o trabalho eterno do direito*.

Sem luta não há direito, como sem trabalho não há propriedade.

À máxima: *ganharás o pão com o suor do teu rosto,* corresponde com tanta mais verdade estoutra: *só na luta encontrarás o teu direito.*

Desde o momento em que o direito renuncie a apoiar-se na luta, abandona-se a si próprio, porque bem se lhe podem aplicar estas palavras do poeta:

Tal é a conclusão aceite atualmente:
Só deve merecer a liberdade e a vida
Quem para as conservar luta constantemente.[14]

---

[14]   GOETHE. *Fausto.* 2ª parte, ed. alemã de Colta, Stuttgart, 1851. p. 435.

www.grupogen.com.br

Impressão e acabamento:

Cód.: 1217119